ELIANE POTIGUARA

Organização da coleção Tembetá
Kaká Werá, Idjahure Kadiwel e Sergio Cohn

Projeto gráfico e foto
Sergio Cohn

ISBN 9786586962321

Azougue Press
Coordenação geral Sergio Cohn
Brasil | CNPJ 12.272.339/0001-26
Portugal | NF 515805394
USA | E. Id. 803650511
Coordenação editorial Sergio Cohn | Darien Lamen
Chile | Tucán Ediciones RUT 77.369.106-1
Coordenação editorial Sergio Cohn | Cristián Jiménez Plaza

Azougue Press: mais que uma editora, uma ponte entre culturas

A coleção Tembetá traz a trajetória de pensadores indígenas no Brasil que têm contribuído para a cultura, a educação, os direitos humanos e a ecologia nos últimos quarenta anos. São personalidades que têm dedicado suas vidas a causas que vão além das suas respectivas culturas e que têm sensibilizado a sociedade humana como um todo.

A palavra tembetá é de origem tupy. Trata-se de um adorno usado no lábio inferior no rito de passagem que indica maturidade e capacidade de pensar e falar pelo seu povo. Por isso foi escolhido como símbolo desta coleção. Quando observamos a história oficial do Brasil até o início da década de 1990, praticamente toda a literatura e os documentos sobre os povos originários foi produzida pelos ditos "conquistadores" e seus descendentes. Foram raríssimas as vezes em que os próprios nativos falaram representando suas raízes, valores e visão de mundo.

A ideia central do projeto é dar voz narrativa àqueles que trazem a marca da ancestralidade em sua jornada de vida neste país. Para isso, cada edição reunirá intervenções escritas e orais (entrevistas, palestras e depoimentos) de grandes pensadores e pensadoras indígenas surgidos no Brasil desde a década de 1970.

A trajetória dos líderes, pensadores, ativistas e artistas escolhidos para compor a coleção serão disponibilizadas com o intuito de promover reconhecimento, reflexões, inspirações, e sobretudo apontar as contribuições de culturas milenares do Brasil representadas por alguns de seus expoentes.

É preciso dizer que hoje no Brasil são cerca de 380 povos chamados indígenas, cujas origens remontam de 5 mil a 12 mil anos. Quase um milhão de remanescentes, dos quais algo em torno de 450 mil pessoas habitam as florestas e os demais habitam centros urbanos em praticamente todos os estados brasileiros. Além disso, pesquisas da UFMG (Universidade Federal de Minas Gerais) de 2005 na área da genética apontam que 63% do povo brasileiro considerado "branco" tem origem tupy. Ou seja, no país temos presentes raízes de culturas ancestrais nas mais diversas matizes de mestiçagem e ao mesmo tempo não damos voz histórica aos remanescentes destas origens. Isso causa uma sensação de negação de um si mesmo coletivo que reflete também na negação dos direitos humanos das gerações atuais que insistem em viver de acordo com seus valores e visões de mundo. Talvez o Brasil seja o único país do mundo que considera "estrangeiro" o nativo, e nativo o estrangeiro.

O desconhecimento das "vozes ancestrais" é oportunizado negativamente por uma parcela da sociedade com o preenchimento de um imaginário de destituição de dignidade dos descendentes das culturas milenares desta nação plural e diversa hoje chamada Brasil. Constantemente exploradores de minérios, senhores dos agrotóxicos (envenenadores da terra), cultivadores de experiências transgênicas, desmatadores da vida, difundem uma ideia pejorativa, folclórica e negligente de toda uma riqueza imaterial presente no modo de ser e de pensar destes inúmeros povos. Por isso esta coleção é mais de que uma publicação de uma série de livros. É dar voz a um Brasil que também somos.

Kaká Werá, organizador da coleção

ENTRE-VISÕES

SOBRE-VISÕES

COSMO-VISÕES

Eliane Potiguara é uma personagem de destaque em uma série de lutas e conquistas identitárias no Brasil dos últimos 40 anos. A sua incessante dedicação pelos direitos indígenas, e especialmente das mulheres indígenas, assim como o seu pioneiro trabalho com literatura indígena, são reconhecidamente fundamentais na nossa história contemporânea.

Nascida em uma região pobre de um grande centro urbano, no Rio de Janeiro de 1950, vinda de uma família migrante de Potiguaras, Eliane Lima dos Santos fez o caminho de muitos dos seus contemporâneos, percebendo-se ao poucos uma indígena desaldeada e redescobrindo e revalorizando a sua identidade indígena. Isso num momento em que pertencer a um povo indígena era quase uma maldição, colocando os indivíduos que assim o fizessem em uma situação radical de preconceito social. Foi o trabalho de Eliane e outros companheiros de geração que permitiu um começo de luta pela reversão dessa situação.

Foi só adulta, em parceria com o seu marido, o compositor Taiguara, que Eliane conheceu a terra de seus ancestrais, redescobrindo elementos da cultura do seu povo que permeavam, de alguma forma, já a sua casa de infância, através da avó que tanto lhe ensinou. Avó que foi tão fundamental na sua formação que virou dedicatória do seu livro mais conhecido, *Metade Cara,*

Metade Máscara, de 2004: "Dedico esta obra à minha falecida avó indígena Maria de Lourdes, que, no início do século XX, teve seu pai desaparecido por ação colonizadora no estado da Paraíba. Suas quatro filhas indígenas, ainda adolescentes, migraram compulsoriamente dessas terras, sacrificando-se, como outras mulheres indígenas anônimas, pela construção de um momento novo na luta dos povos indígenas brasileiros hoje, o reconhecimento do grande contingente de descendentes de indígenas e de indígenas desaldeados".

É deste encontro, no início dos anos 1980, com o povo Potiguara da Paraíba que nasce o trabalho de Eliane para os direitos indígenas, com a criação do Grumin – Grupo Mulher-Educação Indígena, e de um jornal do mesmo nome. A partir deste trabalho pioneiro, Eliane se tornou uma referência da luta pelos direitos das mulheres indígenas, participando de vários seminários da ONU e de outras organizações governamentais e não-governamentais.

Em sua trajetória, participou de momentos marcantes do processo social brasileiro, como a elaboração da Constituição de 1988 e a fundação, em 1992, do Kari-Oka, o Comitê Inter-Tribal 500 Anos, em parceria com lideranças indígenas como Idjarruri Karajá e Marcos Terena, por ocasião da Conferência Mundial da ONU sobre meio-ambiente.

Para além de tudo isso, Eliane tem um trabalho fundamental no surgimento e fortalecimento da literatura indígena no Brasil, que tem acompanhado a sua trajetória e ganho força nos últimos anos. Como ela diz, com a lucidez e potência que marca a sua obra, na entrevista que inicia este volume: "Uma hora eu coloquei essa questão: o que sobra para mim? Eu falo isso com dor no coração, sabe? Eu penso assim: sou uma mulher, sou uma indígena, não sou aldeada, moro em contexto urbano. Até porque seria uma hipocrisia morar numa comunidade agora, já que eu nasci e me criei em outro contexto. Eu nasci no Rio de Janeiro, tenho uma base ancestral, até espiritual, na minha família indígena, mas sou uma pessoa da cidade. E estou aqui, cheia de dores, com problemas de saúde, sem condições de organizar mais nada. Então, o que sobra para a Eliane Potiguara? Sobra a literatura. É grandioso sobrar a literatura porque é um instrumento de conscientização. Seria demagogia dizer que "só" sobra a literatura, porque a literatura é muito".

ENTRE-VISÕES

O MOVIMENTO INDÍGENA E OS DIREITOS DAS MULHERES

Entrevista por Idjahure Kadiwel, Ana Paula Simonaci
e Sergio Cohn, em dezembro de 2018

**Eliane, no jornal que você editou, o Grumin – Grupo Mulher-
-Educação Indígena, você fala que a sua família é originária
da Baía da Traição, na Paraíba, mas que você nasceu no Rio de
Janeiro. Como foi isso?**

Então, a minha história é a seguinte. Tem pessoas que dizem
que minha história é uma história louca. Já ouvi muita gente
falando "que história doida que ela contou!" Mas todo mundo
tem uma história, qualquer ser humano tem uma história, até o
gato tem a história, os animais têm história. E a minha é assim:
A minha família, já antes de eu nascer, desde 1900, começou a
emigrar, junto com outras famílias do nosso povo. Começou um
processo de migração muito grande. Foi uma migração em massa
de vários povos saindo de suas regiões.

Especificamente sobre a minha família, eu sou bisneta de
Chico Solon. Francisco Solon de Souza foi um líder Potiguara
que sofreu um assassinato porque foi contra a produção de
algodão em seu território, situado na Baía da Traição, no estado
da Paraíba. Tinha produção de algodão dentro da área indígena
e fora da área indígena. Meu bisavô foi essa pessoa que, junto a
outros líderes e guerreiros, lutou contra isso e acabou se tornando
vítima. Alguns se viram às vezes obrigados a se esconderem ou

acabando por serem mortos. O que se sabe é que esses líderes eram assassinados e desaparecidos. E desapareciam por quê? Porque os colonizadores da época, os neocolonizadores, os novos brasileiros, eles faziam o seguinte: ensacavam a cabeça dos guerreiros, amarravam pedras nos pés e os jogavam no mar. Então, muitos guerreiros anônimos sofreram esse tipo de violação dos seus direitos humanos.

E com a família, o que acontecia? O que aconteceu com minha família, justamente: por volta de 1900, no início dessa primeira década, a minha família emigrou. Porque se o chefe da família foi assassinado, desaparecido, os outros tinham que rapidinho sair dali... Essa é a história que a minha avó, Maria de Lourdes, contava. Minha avó sempre contava para nós como se deu esse processo todo.

Lembro que minha tia-avó contou que a vovó já estava com as passagens na mão pra viajar e ela esqueceu a canequinha de água. E ela não viajou, nem ela nem a família, porque ela disse que não viajaria se não levasse essa sua canequinha. Para se ver como naquela época era difícil ter uma canequinha. Ela voltou, a viagem foi adiada, porque ela esqueceu a canequinha dela. Era muito interessante, como se valorizavam até as pequenas coisas.

E muitos desses Potiguaras sofreram muita discriminação dos próprios indígenas aldeados, o que acontece até hoje.

Eu nasci no Morro da Providência. Ali tinha um gueto indígena também. A minha família morou na rua, literalmente, porque não tinha lugar pra ficar. E, como aquela região tinha um gueto judeu, em torno da rua General Pedra, onde está o viaduto e a antiga sede. Lá havia um reduto de imigrantes que vieram por causa da Segunda Guerra Mundial. Eram colonos, pessoas pobres. Portugueses pobres, espanhóis pobres, italianos pobres. Um gueto bem forte que se concentrava naquele lugar. Lembro que tinha uma cervejaria portuguesa, um lugar chamado Cervejaria Ultramar. Eu me lembro porque eu tinha seis anos de idade e via que o pessoal ia muito para lá, esses portugueses, italianos, esse povo da Europa ia tudo para ali para tomar sua bebida. A cerveja era até escura, era amarela escura, de uma cor forte, sabe?

Foi assim que minha família acabou conseguindo algum apoio. Lembro muito dessas pessoas tentando ajudar a gente. Essa é a memória que eu tenho. Do outro lado ficavam as putas da Zona do Mangue. Eu lembro que esses judeus, eles conseguiram uma casa, numa vila onde só havia imigrantes, para a minha avó. Daí minha família inteira foi morar naquela casa. Saímos do alto do Morro da Providência, lá de cima, e descemos. Não queríamos viver em sacrifício, queríamos melhores condições de vida. Uma parte foi para o Morro de São Carlos. Quando minha avó conseguiu essa casinha, veio todo mundo morar junto. Morava todo mundo empilhado em dois cômodos.

A cozinha era fora de casa e o banheiro era comunitário. Quando eu ia tomar banho, passava por um corredorzinho assim bem estreitinho, só dava pra passar uma pessoa. Se o sabonete caísse você passava a mão naquele lodo horrível, naquela sujeira, porque os dois lados eram lodo preto, todo fedido. Eu chorava muito e tomava banho dentro de casa, numa bacia. Apesar dessas condições precárias, minha família sempre me protegeu, nunca me deixando sair. Eu também não queria. Passei alguns anos da minha vida nessa prisão domiciliar. Eu vivi presa dentro de um quarto e não tive infância com as crianças, não pude brincar, não pude conhecer outras crianças. Só conhecia meu irmão, os sobrinhos, os primos, as crianças que nasciam da nossa própria família. Aos poucos, as pessoas foram buscando também sua independência. Não queriam ficar lá na casa da minha avó. Minha avó era bananeira, trabalhava numa feira. Eu fiquei anos ali, vivendo nessas condições.

A vila em que morávamos tinha um portão marrom. Nessa vila também morava uma negra, Julieta, que lavava roupa, e tinha os casais portugueses nos fundos. Também tinha mais famílias italianas, japonesas e um grupo de imigrantes de judeus, que ajudavam minha avó a conseguir algumas coisas. Quer dizer, tinha de tudo ali. Então foi assim que eu fui criada, presa dentro de um quarto, fazendo as necessidades nesse quarto, tomando banho nesse quarto, ouvindo as histórias nesse quarto.

A cozinha de vovó, que era lá fora, era assim: tinha uma corda com carne seca, peixe, tudo pendurado. Toda alimentação que ela ganhava na feira, ela trazia e pendurava ali. Milho. Acho que ela pendurava aquilo ali por causa dos ratos. Porque tinha muita ratazana na casa. E eram grandes, faziam um barulho horrível. Eu tinha muito medo daqueles ratos. Um português deu para a vovó um baú e eu dormia dentro dele. Eu dormia em cima do baú e às vezes dentro dele. Lembro que os ratos queriam comer minha perna, meu pé, que tinha umas ratazanas querendo comer meu pé. Daí, para me proteger, eu dormia naquele baú.

Vovó, quando chegava da feira, tirava a roupa, ficava pelada, e tinha os dois peitões, assim, grandes, e um barrigão. Tinha um ouro no dente, porque era chique naquela época ter um ouro no dente. E aí ela dormia.

Todo dia, ela trazia aquelas coisas da feira. Aipim, macaxeira, inhame, fruta-pão. Como eu adorava! Todo dia de manhã a gente só comia fruta-pão quentinha. Vovó passava uma gordura em cima. Não era manteiga não, era uma gordura que ela tirava não sei de onde. Eu comia aquela comida com café e, quando tinha leite, o leite era só pra mim. Quando tinha carne, o bife era só pra mim. Tudo era pra mim. Meu irmão não ganhava nada. Meu irmão tinha uma raiva, porque não ganhava leite, não ganhava carne, não ganhava nada, assim, da comida boa. Minha avó ia pegar carne lá na Central do Brasil com um pessoal que distribuía para os pobres e que se opunha ao governo varguista. Eu sei que era um pessoal que usava umas fardas e boinas verdes...

Na casa da minha avó, a gente tinha uma arara. Faziam muita festa do outro lado do muro. A minha avó um dia me levou para essa festa. Era um grupo de nordestinos e tinha zabumba, acordeão. Tocavam forró. A gente ia lá, de vez em quando, nessa festa, e depois a minha avó passou a não me deixar mais ir, porque eu já comecei a me tornar mocinha, aí o pessoal já me olhava interessado. Eu só tinha uns dez anos, uma coisa assim. Mas desde então ela não me levava mais para esses lugares, porque ela não queria que eu me envolvesse com essas pessoas. Ela buscava muita proteção para mim.

Eu fiquei morando numa casa em que eu não podia sair. Eu só podia sair com a minha tia, com a minha avó. Se fosse à escola, a minha avó me levava à escola e me buscava. Ela ia com a barraca de banana na porta da escola. Aquilo me trazia os maiores problemas, porque as crianças que saíam da aula batiam no meu irmão, diziam que a gente era índio, chamavam a gente de índio. Chamavam a vovó de índia, zombavam dela e da minha família. Eu não sabia por que nós éramos tão discriminados, não sabia se isso era índio, se não era índio. Para mim, não tinha essa coisa, não sabia de nada. Eu sabia que eu era a Eliane, que tinha oito anos, nove, dez anos, e que queria estudar. Mas as crianças não deixavam. Então eu quase não falava. Eu não tinha articulação para falar.

Saímos daquela comunidade e fomos para um grande sítio. Nós conseguimos um lugar, num outro morro, em Cavalcanti. A gente tinha que subir uma pedreira, era preciso tirar o sapato pra poder subir a pedreira e ficar de quatro pra chegar na casa onde a gente morava. Ali sim, era um sítio muito maravilhoso, que tinha banana, tinha todas as frutas, tinha um riachinho. Meu padrasto plantava banana, mamão. Eles sempre pediam minha urina, que tinha que ser urina de moça virgem para adubar o mamoeiro. Então tinham coisas muito, muito interessantes, e quando eu começo a pensar sobre isso aí que eu começo a ver que nós realmente tínhamos hábitos diferentes dos vizinhos.

O vizinho sempre olhava a gente por debaixo de alguma coisa. Ele estava sempre olhando a gente como um ser diferente, como um elemento diferente. Mas até então eu também ainda não tinha essa consciência de nada. De nada, de nada mesmo. Foi só então que eu fui para a escola. Eu fui alfabetizada dentro de casa, quando a gente anda morava na General Pedra.

Foi alfabetizada por quem, pela sua mãe?

Não sei, não lembro exatamente. Mas era uma pessoa que vinha lá do morro de São Carlos. Uma pessoa que vinha para dar aula para mim e para o meu irmão. A gente foi alfabetizado ali. Daí, quando eu comecei a escrever, minha avó falava pra mim assim: "Agora você vai começar a escrever pra mim. Vai escrever tudo então..." Chegavam umas cartas e ela me mandava ler e depois responder. Minha avó sempre chorava: "Ah, diz pra fulano isso, e depois aquilo e aquela coisa. Nós estamos aqui, está acontecendo tal coisa..." E naquelas cartas ela contava a história dela e chorava sempre. Sempre via minha avó chorando, minha mãe chorando, minhas tias. Elas se reuniam num canto e não deixavam eu escutar a história. Mas eu escutava...

Quando a minha avó me mandava escrever, ela contava alguma coisa que não era legal. E quando as cartas chegavam, eu também ficava sabendo de fatos que haviam acontecido lá, porque eu já estava alfabetizada. Então eu comecei a ligar os fatos, comecei a perceber alguma coisa, isso aí já com onze anos. Eu já estava assim... Meu olhar já estava... Eu já olhava além. Olhava além daquelas letras. E comecei a perceber que nós éramos diferentes. Quando a gente sofria alguma discriminação, ela, mesmo que fosse analfabeta, já estava consciente da discriminação que sofria como uma índia...

Mas isso era subentendido? Ela dizia que vocês eram índias ou era subentendido essa identidade?

Não dizia. Isso era subentendido.

Ninguém se assumia como índio?

Nunca ninguém disse entre nós. As outras pessoas que diziam que nós éramos índios.

E na escola?

As pessoas chamavam: "Ih, lá vai a índia barriguda! Ah, a avó daquela garota é barriguda!" Daí riam. Aquelas crianças riam de vovó. E eu não sabia de nada, não tinha consciência de nada. Sei que as pessoas chamavam a gente de índio, batiam no meu irmão pra caramba. Meu irmão chorava e eu tinha que defender. Eu batia nos garotos, pra não baterem no meu irmão. Eu sempre defendia meu irmão. E eu não sabia por que nós sofríamos aquilo. Nunca soube, até então. Só fui entender aquilo depois, mais tarde, com quinze anos já.

Com quatorze ou quinze anos é que nós fomos morar com meu padrasto, que era negro e o filho dele era homossexual. Foi ele que disse pra nós que nós éramos índios. Esse meu irmão fazia artesanato e usava os coquinhos pra fazer anéis, porque no lugar que a gente morava, no sítio, tinha uma árvore que dava uns coquinhos. Chamava coco de catarro. Ele fazia muito artesanato, fazia cestaria, fazia colares. Eu também me interessei por fazer artesanato. Comecei a fazer artesanato com esse meu irmão negro, de criação. Eu não gostava de lavar a louça, sabe, e sempre sobrava a louça pra eu lavar. Eu já tinha catorze, quinze anos. Daí ele lavava pra mim. Eu pagava pra ele porque eu trabalhava, eu fazia umas bonequinhas pra levar pra escola, pra vender, e também dava aula de acordeão. A minha tia tocava acordeão. A gente sempre esteve envolvido com música. E eu aprendi a tocar acordeão. Eu tinha uma aluna que se chamava Rita, e dava aula pra outras crianças também.

Aí, com quinze anos, eu já tinha feito o ginásio e estava me preparando para a Escola Normal. Esse meu padrasto ajudou muito a minha família. Me ajudou também, para que eu fosse alguma coisa. Fiz o ginásio devido a esse padrasto. No ginásio as pessoas também tinham uma certa discriminação comigo e com meu irmão, porque, até então, minha avó às vezes ia na porta da escola. Mas já sofríamos menos discriminação do que na escola pública do ensino fundamental. Estudei quatro anos no Ginásio Progresso. Um dia, uma menina, burguesa, me convidou pra estudar com ela. Estudamos juntos naquele semestre. Eu subia o morro, descia o morro, subia o morro, descia o morro, era um sobe morro, desce morro, porque eu ia almoçar e depois tinha que voltar pra estudar na casa da menina.

Quando foi a prova para a Escola Normal, no Instituto de Educação, eu passei e a menina não passou. Meu Deus, a menina ficou com tanta raiva de mim! Aí me chamou de índia, xingou, discriminou. Foi assim que eu fui tomando mesmo consciência de quem eu era. Já estava claro ali que eu era de origem diferente daquelas meninas da Escola Normal. E foi ao mesmo tempo em que eu tomei conhecimento do pensamento do Paulo Freire. Eu sempre cito Paulo Freire, porque foi ele quem me deu o grande despertar espiritual, mental, político, de quem eu era. Como menina, como mulher, como indígena. Foi a partir disso que eu tomei conhecimento das histórias todas do meu povo.

E continuou sendo assim. Quando teve a prova de novo pra ser professora, aconteceu também o mesmo fato. Eu fui para estudar com outras pessoas, eu passei e as minhas amigas não passaram. Mas era porque eu acordava às quatro horas da manhã pra estudar, porque eu sabia que eu tinha uma família pobre, uma família que às vezes só tinha aquele feijão de guandu pra comer, aquela cana pra comer. Às vezes a mamãe chamava para almoçar, aí botava só aquela comida que nós tínhamos ali na pequena comunidade, as frutas, as verduras. Os outros produtos que a gente precisava comprar na mercearia, como o arroz, o sal, a carne seca, algumas coisas assim que a minha família não produzia, que comprava fora, muitas vezes não tinha, porque faltou dinheiro. Às vezes não tinha bujão de gás, fazia aquela comida na lenha.

Eu passei naquele sítio todo o período do ginásio, de onze a quinze anos, e depois nós nos mudamos de novo. Sempre mudando, sempre buscando melhores condições. Minha mãe tinha que subir aquele morro todo dia, a gente tinha que subir aquele morro todos os dias, era muito sacrificante. Eu acordava às quatro horas da manhã pra estudar todos os dias, minha mãe trazia um copo de leite, aí quando tinha o bifinho, o bifinho era pra mim. E foi assim que eu fui tendo consciência de quem eu era, de onde eu vinha, e do esforço que elas faziam pra eu poder estudar numa escola preparatória pra ser normalista, pra ser professora, que era o sonho da minha avó. Juntava a família inteira dando um dinheirinho pra poder pagar o pré-Normal, como chamavam naquela época.

Toda a família era analfabeta, não tinha estudo, e todo mundo se juntava pela Eliane. E a Eliane foi a primeira pessoa, naquela família, a conquistar um diploma de professora primária. Então aquilo me levava nas nuvens. Eu era considerada, tudo era pra mim, tive um privilégio danado. Graças a Deus meu irmão nunca teve esse problema comigo. Meu irmão entendeu, até hoje ele fala comigo e diz: "Não se preocupe, eu entendia." Meu irmão acabou não estudando... É uma boa pessoa, está com 70 anos, uma pessoa que sempre deu muita força pra mim. Sempre trabalhou no Grumin também, carregou muita pedra dentro do Grumin me ajudando. E ele nunca foi uma pessoa do tipo que reclamou, que guardou ressentimentos, que achou que eu tive privilégios em relação a ele.

Eu não conto essa história tão detalhada no meu livro, eu conto en passant, mais detalhado eu estou contando aqui agora pra vocês, como é que se deu mesmo a minha formação. Depois de formada professora, eu me casei. E foi aí que eu realmente tive conhecimento. Eu já estava na Escola Normal, dando aula, tudo, tive conhecimento de quem eu era nesse processo todo.

Quando foi isso? Final dos anos 1960?

Foi de 1969 pra 1970. Em 1964, aconteceu a Ditadura Militar. Tanto que a minha família foi procurada. A polícia esteve na nossa casa, lá na nossa comunidade, nesse lugar em que a gente morava, porque a minha mãe estudava canto. Ela e o meu irmão estudavam música na Escola Nacional de Música e morávamos nesse bairro proletário. Um dia, em 1968, nós recebemos a polícia em casa, vasculhando a nossa casa toda. Eles queriam saber por que a minha mãe, que era pobre, indígena e morava ali naquele lugar, naquele gueto, como é que ela ia nessa Escola Nacional de Música e num restaurante chamado Calabouço, não sei se vocês já ouviram falar...

Foi onde morreu o estudante Edson Luis, assinado pela repressão militar, não é? O que gerou os protestos todos que levaram à Passeata dos Cem Mil...

Foi, naquela mesma época. E a polícia foi procurar minha mãe para entender por que ela frequentava esse restaurante. Eu lembro que a gente, eu e meu irmão, estava junto e teve que se esconder debaixo de uma mesa. São memórias que eu tenho. Não sei muito bem explicar os fatos, mas eu sei que a minha mãe e o meu irmão foram perseguidos, e eu também porque estava junto. Eles estavam nos procurando porque o professor Américo, que era um maestro na época, um músico bem baixinho, da Escola Nacional de Música, estava sendo perseguido e parece que foi preso e torturado. E a minha família era aluna dele. Por conta disso, eles iam atrás de nós, dizendo que minha família estava incitando guerrilha urbana lá na comunidade. Não estava. Mamãe só estava estudando, porque queria ser uma cantora.

No último ano da Escola Normal, eu trabalhava na CETEL. Pegava quinze pras seis e saía quinze pra meia-noite. Eu tinha que trabalhar, porque meu padrasto e minha mãe já não tinham mais condições de pagar nada pra mim, e eu tinha que comprar os meus livros da Escola Normal. Era um trabalho na companhia telefônica. A gente atendia o telefone com aqueles fios todos no monitor, fazia ligação para as pessoas. Eu fazia muita ligação até meia-noite. E, um dia, o meu ônibus foi metralhado, ali na Nova Brasília. Os policiais entraram no ônibus. Quer dizer, a gente era vigiado.

Mais pra frente, dando um salto, eu casei com o cantor Taiguara, que foi exilado. E na época em que eu estava com ele, eu vivi mais perseguição pela ditadura. Nós rodamos juntos o país inteiro, fomos para o Nordeste, fomos para o Sul. Fomos para vários lugares, porque a ditadura perseguia a gente. A gente tinha problemas dentro de casa, ameaças, telefonemas, cartas que recebia. Pilhas de cartas de ameaça.

Como você conheceu o Taiguara?

Eu conheci o Taiguara quando já estava na faculdade. Estava na Faculdade de Letras da UFRJ. Era aluna da Heloísa Buarque de Hollanda, em Literatura Brasileira. Heloísa nos levava para os presídios, nós íamos visitar os presos políticos, nós visitamos o Zaqueu, que foi da guerrilha urbana. Visitamos o irmão do Henfil. Visitamos vários presos políticos. Lá em casa nós acolhemos várias pessoas dessa guerrilha também. Eu fiz comida para essas pessoas. Eu sei que a gente sempre esteve beirando ali aquela linha da morte, pelo processo da Ditadura Militar, por eu ser indígena e por eu ter casado com uma pessoa que também era perseguida. Não sei se vocês sabem, mas o Taiguara é de origem Charrua, indígena do Uruguai. O Taiguara não é brasileiro. E a Ditadura pensava que a gente estava se juntando para derrubar o poder. Eles pensavam isso. A gente até estava, realmente, com um pensamento dessa grande revolução do proletariado e tudo mais. A gente estudava Marx e Engels. Eu sempre fui uma pessoa intelectual, sempre estive, assim, nesse bojo.

O Taiguara e a minha avó foram as pessoas que marcaram o recomeço de uma nova vida, pois foram eles que me falaram: "Vamos para Paraíba. Vamos voltar para sua terra". Minha avó queria voltar, fazer esse caminho de volta. Até aquele momento ela não tinha vontade de ir. Ela só dizia: "De lá vim eu..." Mas Taiguara se interessou e eu também me interessei em fazer o caminho de volta. Eu acho que fui a primeira pessoa assim, no meio público, a fazer esse caminho de volta. Quando eu vejo hoje, depois de quarenta anos dessa história, desse caminho, quando eu vejo as pessoas querendo ir atrás, buscando sua identidade indígena, eu dou força, porque todos nós temos que buscar nossas raízes.

Bom, agora eu vou começar a falar mais do meu processo pessoal. Nessas memórias eu percebo que nisso tudo aí há um grande ponto de interrogação: "Quem sou eu?" Me lembro que eu olhava para o céu e dizia: "Nossa, está acontecendo alguma coisa, alguma coisa está me puxando..." E eu me sentia angustiada. Eu me lembro que, quando eu tinha 21 anos, eu me sentia com uma angústia muito grande, um sofrer muito grande, um emocional muito, muito conturbado, buscando uma resposta que eu não conseguia encontrar... Depois que me casei com o Taiguara. Foi quando a gente começou a dar o despertar mesmo, o despertar em todos os sentidos, intelectual, mental, político.

Quantos anos você tinha quando conheceu o Taiguara?

Eu fui conhecer o Taiguara já com uns vinte e poucos anos. E nesse meio tempo aí foi o momento que eu estava em Santa Teresa. Eu morava em Santa Teresa porque a pessoa que morava lá foi para o mato e me ofereceu a casa. Deixou tudo pra gente, até o bujão de gás. O Taiguara veio me buscar em Santa Teresa, parou um caminhão e pegou as minhas coisas sem me perguntar se eu queria ou não, colocou todas as minhas coisas no caminhão e me levou pra casa dele, que era o Castelinho. Aí, pronto, aí ferrou. Depois disso foi quando eu fiz a primeira viagem.

Minha avó me ajudou muito, me deu muita força. Mas infelizmente minha avó nesse ínterim faleceu. A campainha tocou, eu estava na cozinha, abri a porta e era minha mãe. "Sua avó", minha mãe disse, "minha filha, sua avó se foi". Pronto. A minha avó, que era todo o meu referencial... Aí não teve pra ninguém, percebi que era a hora... Essa riqueza, ela morreu, mas eu tenho que dar, eu preciso dar continuidade nessa busca, nessa história toda.

Mas também não tinha nada assim programado na cabeça. As coisas foram acontecendo. Foi me empurrando, a história foi me conduzindo até chegar na comunidade Potiguara. Eu fui com as crianças: Tagira tinha dois meses de idade e a Moína já tinha três anos e pouco. E foi fantástico porque o cacique de lá, João Batista Faustino, que era um líder na época, disse assim: "A gente sempre escutou o pitiguari cantando: Eliane já vem, Eliane já vem, Eliane já vem..." O pitiguari é um pássaro muito importante para os Potiguaras. Então, o cacique estava dizendo que já tinha recebido a mensagem que eu estava chegando.

Quando eu comecei a conversar com a comunidade, com o cacique, com todo mundo, eu fiquei muito impressionada. Eu conheci o Seu Marujo, que já morava na Bahia e estava muito velhinho, já tinha noventa anos. Ele já não morava dentro da comunidade porque tinha que andar a pé quase duas horas para chegar lá em São Francisco, que é a comunidade onde o Batista morava. Tinha um forte, que era onde ficava a FUNAI, e levava mais de quarenta minutos pra chegar lá... Aí o Seu Marujo disse: "Eu me lembro da sua família, ela saiu daqui em 1900 e tanto. Eu me lembro do seu Chico Solon de Souza. Eu lembro dessa família. A Maria de Lourdes tinha umas netas, tinha umas meninas, que eram as Marias – Maria de Fatima, Maria de Lourdes, Maria Isabel, Maria Soledad e Maria das Neves. Eu me lembro dessa família. E tinha um José, o tal do José".

Você pode perguntar: "E os homens? Cadê os homens da família?" Os homens eram sempre em número reduzido. E o meu pai também acabou morrendo... Meu pai, infelizmente, foi assassinado aqui no Rio de Janeiro. Mas por coisas pessoais dele, problemas dele, que não têm nada a ver com questão indígena não. Coisas que ele aprontou. Ele nasceu e viveu só pra eu nascer. Eu sempre digo isso, infelizmente...

Quando chegamos na aldeia, a esposa do Seu Marujo fez uma comida pra gente. Nossa Senhora, que beleza de comida! Uma moqueca de peixe feita no coco. Tudo bem feito, tudo gostoso. Seu Marujo ofereceu a casa dele pra gente dormir. Ficamos lá, eu, Taiguara, a Tagira e a Moína. Seu Marujo nos disse: "Sim, conheci sim a família de Eliane, que era aquela família que foi embora daqui, que foi expulsa porque o bisavô foi assassinado..." Todos se lembravam desse fato, de que a minha família tinha saído da comunidade. Não só a minha família, mas outras famílias. Foi o testemunho que eu precisava, que me salvou alguns depois, quando a Polícia Federal exigiu que eu provasse a minha identidade indígena. Isso já foi em 1992, porque eu estava incomodando demais, trabalhando com a comunidade, junto às mulheres e lideranças, na Casa da Mulher Indígena – nessa época, eu estava nas Nações Unidas, trabalhando na Declaração Internacional dos Direitos Indígenas. E eu estava realmente incomodando, porque estava trazendo visibilidade para os problemas dos povos indígenas. Eu cheguei a levar o Marcos Potiguara para a ONU, pra ele fazer o depoimento pessoal sobre o arrendamento de Terras Indígenas pelos próprios indígenas e pelos latifundiários.

Quando foi que pela primeira vez você viu que havia um movimento indígena se organizando?

Foi no fim dos anos 1970, quando eu já estava no Rio de Janeiro. Em 1979, eu fui morar um ano em Pernambuco e me articulei com o movimento político de lá. Fui a uma reunião do PT, na primeira reunião depois dos exilados políticos voltarem pro Brasil. Foi uma reunião nos fundos de uma igreja, em que estavam Manoel Conceição, Paulo Freire, algumas lideranças nordestinas. Eu fui convidada para ser representante do movimento de mulheres.

Antes, eu pensava que eu conhecia o movimento indígena, mas não, eu conheci a comunidade. Foi depois, em 1980, 1982, que eu conheci o Ailton Krenak e o Álvaro Tukano numa palestra. Ninguém sabe da minha luta antes da Constituinte. Pensam que eu apareci na Constituinte, mas nessa época eu já tinha ido viajar pra todo o sul do Brasil. O Taiguara vendeu os direitos autorais de uma música, levantou um dinheiro e me deu pra eu viajar pelo Sul do Brasil com a filha dele, enquanto ele foi viajar pra outro lugar com a minha filha do meu primeiro relacionamento. Então eu fui e viajei, dei uma volta viajando por Santo Ângelo, São Borja, toda a volta do Rio Grande do Sul. Assim eu conheci os Guarani.

Eu já me chamava de Eliane Potiguara, embora não tivesse ainda ido viajar para os Potiguaras. E eu fiz essa viagem pelo sul do país, onde conheci as comunidades indígenas. Só depois é que nós fomos para o Nordeste, para a área Potiguara. Em 1979, eu viajei para Pernambuco. Eu já estava barriguda, e a Tagira nasceu lá. Quando a Tagira tinha dois meses, nós viajamos pra área Potiguara. Daí ela foi batizada na Lagoa Sagrada, nas terras potiguaras. Foi uma festa... E foi ali que eu tive a revelação de que minha família era mesmo de lá.

Antes eu estava procurando através dos papéis, buscando através dos documentos. Eu tinha ido a Rio Tinto e o padre bateu a porta na minha cara quando eu disse que eu estava procurando o Chico Solon de Souza. Tinha um padre lá que disse: "Não, não, não queremos saber dessa história". E bateu a porta na minha cara. Eu tinha ido ao cartório e tinha encontrado a ficha com o nome do meu bisavô. Quando eu voltei ao cartório, dois dias depois, as fichas tinham desaparecido. Foi então que eu decidi que precisava realmente saber sobre essa história, porque se desapareceram com as fichas é que alguma coisa deve ter acontecido. Eu comecei a procurar, e acabei chegando ao Seu Marujo, que me contou como a minha família tinha ido embora. Na época ele já era muito velho e estava cego, mas ele enxergou a minha alma. Ele conversou comigo, me mandou procurar as pessoas certas, falar com fulano, com beltrano. E foi assim que fui reestabelecendo a história da minha família e a minha identidade.

E lá eu estabeleci uma ligação muito forte com algumas pessoas, como o cacique João Batista Faustino. Ele quem me pediu para fazer uma reunião para construir um centro cultural na aldeia Potiguara. Foi um pedido dele. Eu não fui arrumar sarna para me coçar, não, essas coisas vieram até mim. Eu não fui para a área Potiguara para fazer nada, além de tentar descobrir a minha história. Eu não tinha esse empreendedorismo na cabeça. Não havia movimento indígena, organização indígena, nada. Eles que foram me propondo e eu respondi. Eu passei lá uns seis meses, depois voltei para o Rio de Janeiro. Na verdade, nós fomos para São Paulo, e só depois voltamos para o Rio de Janeiro.

E, numa dessas minhas idas e vindas, eu, como era uma pessoa de esquerda, que buscava os movimentos, conheci o Perfeito Fortuna no Circo Voador. Era 1982, mais ou menos... E depois encontrei o Ailton Krenak e o Álvaro Tukano. A minha mãe estava comigo neste dia. Ela falou assim: "Nossa, é por aí o caminho. Vamos lá conversar com eles." O Ailton Krenak na mesma hora me deu o endereço da UNI, da União das Nações Indígenas, em São Paulo. Nem pensei duas vezes, na semana seguinte já estava lá, na UNI, nos Perdizes, pra começar a conversar com ele.

Fui com uma menina indígena também, que era amiga minha, que estava sempre com a gente, que era migrante também. Aí pronto, a gente começou a conversar, o Krenak começou a me esclarecer algumas coisas. Perguntei para ele o que estava acontecendo. E ele me falou para ir em frente. Ele me deu muita força, me estimulou, como fazia com todo mundo. E onde eu ia, as pessoas me botavam mais pra dentro. Não fui eu sozinha que fiz esse caminho. Não saiu da minha cabeça, não. As coisas iam me conduzindo.

E como surgiu o Grumin?

O Grumin foi criado dentro da área Potiguara, com a assinatura dos caciques, das pessoas envolvidas ali. À pedido do cacique João Batista Faustino, nós fizemos o Primeiro Encontro Potiguara de Luta e Resistência. O cartaz dizia assim: "Amazônia Destruída". Nordeste brasileiro, embaixo uma Amazônia destruída, e no meio era fogo. Era o mapa do Brasil pegando fogo, toda a região amazônica, inclusive o Nordeste, pegando fogo. A gente distribuiu aqueles cartazes pela comunidade, em tudo que era lugar. Não sei como é que não me mataram ali. Aí veio todo mundo. Eu sei que foi uma reunião que mobilizou a cidade de João Pessoa toda. Mobilizou Partido Verde, PT, Comissão de Direitos Humanos, antropólogos da Funai...

Eu, ali, sentia como que meu corpo estivesse sendo usado, no bom sentido. Eu sentia que era o meu espírito. Quando eu dançava o toré, não era eu que dançava. Eu dançava o toré com a comunidade, dava a mão e sentia que o meu corpo levitava. Começava a cantar os cânticos, levantava aquela poeira dos nossos pés, aquela coisa marcada... Eu tinha a impressão que flutuava naquilo tudo e que eu estava sendo conduzida por uma grande força. E me perguntava o que era aquilo. E eu sempre tinha resposta. Sempre tinha. O pessoal de João Pessoa começou a me chamar pra ir a programas na televisão, para se reunir, para conversar.

Existia um grupo feminista, também, que fazia entrevista comigo. Era televisão fazendo entrevista, era jornal. Todos queriam saber o que eu estava fazendo e o motivo disso. O assunto foi crescendo. A questão do arrendamento de terra criou polêmica, criou atenção. E o próprio encontro em si foi tão importante que todas as pessoas se mobilizaram. Até os arrendatários de terra foram nesse encontro. Foi um acontecimento. E a estrutura era muito grande. Lembro que no almoço tinha panelão de lagosta, peixe, caranguejo, pirão. Foi um evento muito bem organizado.

E o evento era muito importante e urgente. A gente precisava resolver o problema do arrendamento de terra porque os rios estavam todos sendo assoreados. Estava se perdendo caranguejo, estava se perdendo camarão, devido à monocultura da cana de açúcar com aquela grande empresa de latifundiários que arrendava as terras. Ali na Paraíba, próximo aos Potiguaras, a terra toda estava devastada. O rio estava todo sujo, com aqueles produtos venenosos que estavam poluindo as águas. A comunidade reclamava. E a comunidade cada vez mais pobre. Cada vez mais pobre. Sem alimentação, porque como que a comunidade ia plantar se estava tudo devastado? A fome aparecendo lá na comunidade. Então foi isso aí que motivou a minha entrada no movimento indígena.

E a partir disso eu comecei a ser chamada para falar sobre a questão indígena. O Olímpio Serra, que era um antropólogo famoso na época, muito conhecedor dos Kayapó, me chamou para conversar em Brasília. Eu ia no CIMI, eu ia na Comissão Pró-Índio, comecei a participar destas coisas. Onde estava acontecendo alguma coisa eu tomava a frente e ia. O Ailton Krenak e o Álvaro Tukano me davam muito apoio. Foi um processo espontâneo.

Eu tinha a lucidez do opressor e do oprimido, porque já tinha estudado Paulo Freire, já tinha estudado Franz Fanon, sobre qual é a posição do oprimido na história da luta de classe. Como o oprimido se torna um cidadão com a autoestima baixa, com a situação de miséria. Eu via esses conceitos e, tendo sido aluna da Heloísa Buarque de Hollanda, tendo convivido com o Ras Adauto, que foram pessoas que deram uma grande luz na minha mentalidade, eu conseguia perceber a força deles. Muita gente me deu apoio para essa nova visão.

Entrei pro movimento indígena a partir do trabalho local, da conscientização local de quem eu era, de quem eu sou, do que eu podia fazer, do que eu podia contribuir. E que eu poderia, ali, estar resgatando a minha identidade indígena. Porque já havia uma história comprovada. Eu fiz uma cartilha, A terra é a mãe do índio, que foi distribuída pelo Brasil inteiro. Até o cacique Raoni recebeu essa cartilha. A gente tem uma foto dele lendo a minha cartilha, porque foi gratuita e a gente mandava pra todo mundo. As pessoas pediam e mandávamos pelo correio. Essa cartilha foi, vamos dizer assim, o meu passaporte para a morte. Foi a cartilha e essa ação que eu tive de ajudar a organizar o Primeiro Encontro Potiguara de Luta e Resistência, o passaporte para que eu fosse perseguida politicamente.

Quando a gente transgrediu e escreveu a primeira carta, porque não é só o Pero Vaz Caminha que é importante como primeira carta, nós também fizemos a primeira carta em cima da oralidade indígena, e que fui eu que redigi, ninguém registrou, ninguém sabia. Mas as lágrimas da minha avó são testemunhas dessas primeiras cartas, dessa primeira literatura indígena.

"A terra é a mãe do índio", nossa primeira cartilha, não era bonita não. Capa branca com letras pretas. A gente fez assim para que as crianças pudessem usar lápis de cor. Foi essa a intenção. Não foi feita colorida para o editor gostar, foi feita para as crianças gostarem. Foi a editora do Grumin que publicou, e isso possibilitou que as crianças pudessem pintar em cima, interagir com aquela cartilha. Quando um avô dizia para a neta valorizar a dança do toré, a criança, que ganhou aquela cartilha, ela lembrava que tinha o toré na sua comunidade, e podia pintar do jeito que a comunidade fazia. Foi aí que nasceu a primeira literatura indígena.

E o seu primeiro livro, quando você lançou?

Foi essa cartilha. Depois vieram vários cadernos de conscientização política. É claro que era um trabalho local, mas eu aproveitava para distribuir os livros nacionalmente. E, como estava indo para a ONU, onde trabalhei na Declaração Universal dos Povos Indígenas, eu levava esses trabalhos locais e difundia por lá. Eu mostrava para as pessoas. "Olha esse manifesto da mulher indígena que escrevemos no dia oito de março, e que foi lido na Câmara dos Vereadores". Então, de certa forma, a gente estava trabalhando o local e o global. O nosso trabalho era em ondas, ecoava. Por isso que o trabalho, mesmo que muita gente não percebesse, forneceu uma base. E quando nós conseguimos fazer a primeira cartilha de alfabetização, foi a Unesco que apoiou. Fizemos um encontro com professores indígenas, levantamos trinta e tantas palavras que tivessem raiz indígena, tupi-guarani. A cartilha também era em preto e branco, para as crianças pintarem. Foi uma sementinha que a gente colocou. Pode ser até uma pretensão da minha parte ter feito esse trabalho, muita gente pode criticar, mas fizemos algo para que depois outra pessoa pudesse fazer melhor. Era essa a concepção da coisa, de que ecoasse em outras pessoas. Outros jovens, outros homens e mulheres.

A gente trabalhou, também, direitos reprodutivos, direitos das mulheres, discutimos sobre a violência física, sobre estupro, sobre os problemas que as mulheres indígenas tinham na época. O problema do câncer de mama. A tia Severina teve câncer de mama, toda vez que eu ia conversar com ela via aquele sangue aparecendo em cima da roupa. Aquilo me dava uma angústia. E percebi que a gente precisava trabalhar para resolver isso.

Fizemos uma reunião de mulheres, a primeira reunião, e a gente tirou um documento muito importante... Até o Olímpio Serra disse que se tratava de um documento de vanguarda. Ele me perguntou como conseguimos fazer aquilo, e eu respondi que não era um documento de vanguarda, apenas um registro do que estava acontecendo na comunidade. Eram os problemas mais imediatos das mulheres, era a esterilização da mulher, era a implantação da cirurgia de cesárea, que era mais prático para os médicos mas mudava toda a cultura, eram as vacinas, era a campanha contra o alcoolismo, que era a coisa mais brutal que acontecia naquela época. A questão do alcoolismo e a da violência.

Quando eu escrevi meu livro *Metade cara, metade máscara*, quinze anos atrás, coloquei nele essas questões dos direitos reprodutivos, que até hoje continuam atualíssimas. E nós temos esse documento do primeiro encontro das mulheres, que é um documento superatual. São os mesmos problemas, não mudou nada. As pessoas só envelheceram, mas nada foi feito. Estatuto do Índio engavetado, a Constituição de 1988 rasgada, os povos indígenas hoje continuam sofrendo os mesmos problemas, as mesmas dores. As mulheres continuam sofrendo as mesmas coisas. Morrendo de parto, sofrendo estupro, sofrendo violência, sofrendo toda sorte de enfermidades. Problemas e sofrimentos que a gente poderia estar tratando, se o sistema de saúde estivesse mesmo interessado e envolvido, se houvesse recursos, hospitais.

Do mesmo jeito que não existe programas, coisas efetivas para a população brasileira, para o proletariado, para os camponeses, não existe para os indígenas pobres. Os governos não enxergam as necessidades da minoria. Mas a minoria é a maioria, porque nessa nossa minoria está quase todo mundo. Todo mundo. São os negros que sofrem nas favelas, são as crianças negras, são os indígenas, todos os brasileiros, todos os favelados, as mulheres pobres, os LGBTQ, as pessoas com deficiência física, todo tipo que está sofrendo discriminação. Todos esses grupos são a maioria, porque a gente está sofrendo uma discriminação social e racial há muito tempo. Isso já veio com a mentalidade de Pedro Álvares Cabral. Com ele já veio essa mentalidade de impor um sistema de vida em que eles ganham e quem trabalha não ganha, os operários, os trabalhadores, os escravos, não ganham nada diante dos donos do poder.

O Brasil está assim há cinco séculos, esse sistema político, e nós temos que lutar. Cada segmento, a gente vê hoje, está lutando dentro das suas particularidades, está se mobilizando. Mas eu me pergunto se há uma mobilização política geral. Os movimentos, dá para ver que cada um está trabalhando. Então creio que existe uma mobilização sim. Lenta, partida, cada um no seu setor, mas que no fundo todos querem uma coisa só, que é melhorar a qualidade de vida, viver mais, pra que as crianças tenham educação, saúde, trabalho.

E quando foi que o Grumin se estabeleceu realmente como um grupo?

Eu costumo dizer que o Grumin – Grupo Mulher-Educação Indígena, surgiu muito, muito antes da sua constituição jurídica em 1987. Nas conversas com as mulheres, bate-papos, denúncias, eventos, a gente ainda não sabia o nome do que estávamos fazendo, se era um grupo, se era uma associação, mas já estava surgindo a ideia. Principalmente, nasceu quando a gente quis realizar o Primeiro Encontro de Professores Indígenas. Não começou nem pelo lado dos programas específicos da mulher. Mas como a maioria das professoras eram mulheres, então ficou Grupo Mulher-Educação Indígena.

Basicamente surgiu porque o grupo de mulheres, que eram professoras, quando a gente conversava sobre educação, sobre o que estava acontecendo nas escolas, elas reclamavam que não havia um material específico, não tinha um material da própria comunidade falando sobre si mesma. E os professores que vinham de fora traziam uma aculturação. Eles traziam aquela imagem da família urbana, de propaganda de margarina: o pai passando margarina no pão, de terno, indo para o trabalho, e a família feliz. Sempre eram coisas que não faziam parte da realidade indígena. Nunca aparecia uma cartilha, um livro, com as crianças comendo biju com mel, ou tomando um suco de graviola, tomando um coco ou dançando uma dança do toré, ou que fosse trabalhando culturalmente o próprio artesanato indígena.

Foi a partir dessas conversas, da conversa ao pé do ouvido com a mulherada, debaixo de uma árvore, tomando um coco, comendo um caranguejo, que decidimos fazer o grupo. E o pessoal sempre falando que faltava material específico da cultura indígena. A escola era extremamente pobre, totalmente sem condições de nada. Elas estavam percebendo que era preciso que os próprios professores fossem os autores do ensino.

E depois, também ao pé do ouvido, surgiu uma conversa minha com umas mulheres no Mato Grosso do Sul, quando o CIMI me convidou pra ir para lá conversar com as mulheres. Depois o CIMI não me convidou mais pra nada. Naturalmente eu devo ter feito alguma besteira, entre aspas, porque me convidaram pra conversar, pagaram minha passagem, tudo direitinho, alimentação. Isso já tem muito tempo, fui lá em mil novecentos e antigamente, e desde então nunca mais. Lá, fiquei conversando com as mulheres, tem até uma foto minha fumando cachimbo com a mulherada. Então a mulherada também contava os seus problemas, os problemas mais íntimos, que não contava pra ninguém, só entre nós mesmas.

Eu fui juntando uma coisa com a outra, problemas de educação, problemas específicos das mulheres e também a questão de trabalho, porque as mulheres têm mais dificuldade de possuir um trabalho, e foi surgindo a ideia de constituir um grupo. Aí tinha uma amiga minha, Dulce Tupy, uma jornalista famosa, que escreveu até um trabalho sobre carnaval em Angola e sobre a viagem que os músicos populares, Chico Buarque e outros, fizeram para lá, para um festival chamado Kalunga. Ela gostava muito de mim, eu contava pra ela sobre esses trabalhos na comunidade. Eu tenho a impressão que ela que me botou um foguinho, né? O pessoal da comunidade mesmo perguntava como é que poderíamos fazer tal e tal trabalho assim. Foi uma demanda de vários lados. Uma demanda minha também, que eu sempre tive vontade de fazer algo nesse sentido.

Eu já escrevia. Eu já tinha poemas, contos. Eu sempre escrevi, desde criança. Quando eu tinha namorado eu escrevia pra ele, quando eu queria falar com a minha mãe algum assunto, algum pedido, eu não falava, eu chegava e escrevia cartas, longos testemunhos explicando porque que eu precisava de tal e tal coisa. Eu sempre fui uma pessoa muito didática. Pra poder conseguir alguma coisa eu escrevia pra pessoa justificando ponto a ponto porque eu precisava daquilo. Se eu queria ir ao cinema também escrevia pra minha mãe, pedia. Tudo pedia através de carta. Nesta época, a minha mãe já sabia escrever, porque ela conseguiu estudar, ela era muito guerreira e já com 60 anos ela estudou e se formou enfermeira. Minha avó e tias é que não conseguiram.

Então, o Grumin surgiu de uma demanda de vários lados. Várias pessoas me dando ideias, sugestões. E havia o momento político, porque essa era a época das Diretas Já. Todo mundo queria estar contribuindo com alguma coisa. Daí, eu conversei com o cacique Potiguara e fui para lá, para a gente constituir a nossa primeira reunião. Foi assim que começou, com uma primeira lista assinada por algumas pessoas da comunidade. Ainda tenho isso, tenho a assinatura de todos.

Depois a gente conseguiu que outras mulheres de outras regiões participassem do grupo. Quando eu viajava, eu sempre conversava com as mulheres. Nessa época eu estava viajando muito, as pessoas já me chamavam para falar sobre a questão da mulher nos lugares e eu ia. Daí aproveitava e falava: "Você não quer participar do movimento de mulheres? Você não quer ficar numa coordenação?" Sempre assim. A gente foi tentando fazer o nosso coletivo de mulheres. Mas ficava difícil trabalhar em vários lugares, porque a gente não tinha dinheiro pra passagem, pra toda hora estar se reunindo. A gente decidiu trabalhar inicialmente localmente mesmo, depois criou o conselho do Grumin, que está até hoje lá. A estrutura foi criada a partir de conversas, contando com as mulheres que estavam dispostas e vendo como elas poderiam contribuir para o grupo. Com essa estrutura formada, comecei a fazer projetos.

Eu fui convidada pra ir a Cuba, aprender a fazer projeto em Cuba. Eu escutei o Fidel Castro por quatro horas seguidas, em um teatro. Já não aguentava mais ouvir aquele homem falando. Acabou quase pela meia-noite e depois de escutar aquele homem falar sem parar, fomos convidadas para outra reunião, e tinha que ir a pé, porque não tinha ônibus em Cuba naquela época. Eram quase duas horas de caminhada do teatro até o lugar que eu estava hospedada. Olha, foi uma aventura e tanto.

Eu fui convidada pelo Programa de Combate ao Racismo, que já estava de olho em mim e eu não sabia. O Programa de Combate ao Racismo era um programa que apoiava o Nelson Mandela, que estava na cadeia ainda. Nessa época eu fui convidada para esse programa e fui participar de um encontro sobre como escrever projeto, lá em Cuba. Fui escutar, participar lá de um coletivo de mulheres. Estava lá a mulher negra mais importante aqui do Brasil, a Lélia Gonzalez. Eu dormi no mesmo quarto que ela. Ela me falou tanta coisa! Passamos uma semana lá em Cuba, juntas, eu, a Lélia e o coletivo de mulheres de Honduras e de outros países. Eram mulheres de todo lado. De mulher indígena fui eu. Daí fiz o curso. Sei que fui fazer quatro atividades por lá, não só os encontros com esse coletivo. Foi criado o coletivo de mulheres afroindígenas, fui fazer o curso, fui escutar o Fidel Castro e fui conhecer a primeira deputada indígena, Nina Pacari, do povo Kichwa do Equador.

Conheci as mulheres indígenas do Equador, dos Estados Unidos, do México. Eu fiquei num deslumbre total de conhecer essa mulherada toda. Puxa, a mulherada falava forte! Cada uma tinha um discurso e eu mesma, apesar de ter estudado, me sentia uma formiguinha, não era nada. Percebi que tinha que aprender muito, porque elas abriam a boca e era uma metralhadora. E eu pensava comigo: "Eu estou aqui, eu sou a única mulher indígena". Eu buscava ver se conseguia que outras mulheres fossem comigo também, outras mulheres indígenas, mas nunca tinham dinheiro. Eu falava: "Meu Deus do céu, que responsabilidade construir um movimento, o Brasil é muito grande!" Como é que ia construir um movimento indígena, se o próprio movimento indígena, que era a UNI, não estava conseguindo construir? Como a mulher indígena iria construir um grupo de mulheres?

Naquela época já estava começando o planejamento sobre a Eco-92, que aconteceria no Rio de Janeiro. Então tinha que ter os núcleos organizados. Eu mesma fui para o Cairo, para discutir sobre o problema das mulheres muçulmanas, sobre a circuncisão do clitóris. Participei lá das reuniões, dos documentos, das passeatas. Conheci aquela mulherada toda, que tinha aquele problema terrível. Olha, era uma coisa impressionante! Eu fui conhecendo esses grupos, eu fui ficando fascinada, comecei a achar que ia fazer a revolução das mulheres indígenas no Brasil.

Buscava apoio daqui, buscava apoio dali, conversava com uma, conversava com outra. Ia lá pra Manaus, conversar com a Associação de Mulheres Indígenas do Alto Rio Negro, que atendia muito as empregadas domésticas. Me reuni com Deolinda Prado, debatendo sobre essa primeira organização de mulheres índigenas que eram empregadas domésticas e tinham trabalhado na casa dos militares. Elas sofriam as piores violações de direitos humanos. Elas eram estupradas, elas eram violentadas, apanhavam, sofriam fome. Elas não tinham condições de sobrevivência, então muitas delas iam parar nos prostíbulos.

Havia muitas mulheres indígenas fazendo prostituição. Em Manaus, reencontrei o Álvaro Tukano e ele fez um peixe maravilhoso para a gente comer. O Álvaro cozinha muito bem. Conheci o Moura Tukano também, já falecido. Conheci muitos indígenas naquela época, mulheres e homens que começavam a me falar de seus problemas. Um dia, me contaram de um índio que queria se suicidar e enfiou uma faca no peito e ele não conseguia se matar. Sabe, era tão triste aquela cena, que até escrevi essa cena numa das cartilhas, em A Terra é a Mãe do Índio. Naquela época do garimpo, a prostituição lá estava demais, as mulheres trocando tudo por uma lata de sardinha... A Deolinda dizia: "Precisamos chamar essas mulheres pra vir pra Associação".

Foi assim que foi se constituindo o Grumin. Mas, infelizmente, quando fizemos o primeiro encontro presencial, o Primeiro Encontro Potiguara de Luta e Resistência, em 1989, não deu pra essa mulherada ir, porque não tínhamos recurso financeiro para isso.

Como vocês conseguiam recurso para o Grumin?

Para constituir o grupo, recebemos um recurso do Programa de Combate ao Racismo. Eu estive nesse programa por muitos anos, e eles doaram dez mil dólares. Com esse recurso nós fizemos a constituição da organização. Era um processo caríssimo. Era preciso fazer uma assembleia, e para isso tínhamos que fazer aquela comida toda, ajudar as mulheres nos deslocamentos entre as aldeias, porque eram várias aldeias, algumas longe. A área Potiguara é grande, com 13 aldeias. Naquela época tinha 13 mil indígenas na área. Hoje deve ser o dobro ou o triplo.

Foi assim que a gente constituiu o Grumin, nesse processo de juntar pessoas. Depois, fizemos outro encontro, aqui no Rio de Janeiro. Trouxemos as mulheres potiguara para cá, junto com indígenas de outros lugares – até mesmo dos EUA. Fizemos uma conferência sobre saúde e direitos reprodutivos. A Baby Consuelo estava lá, apareceu muita gente. E assim o projeto foi crescendo.

E foi nesse nessa época que surgiu também o jornal Grumin?

Sim. No primeiro encontro já existia o jornal. Cada edição saía o jornal com uma cor diferente. Um foi marrom, outro foi verde... E sempre lá embaixo, em todas as páginas, estava escrito "pelo direito à vida". Era um jornal vivo, tinha até uma coluna de fofocas, de coisas que estavam acontecendo, chamada "Batendo o tambor". Quem me ajudou a fazer o jornal foi a Dulce Tupy, e depois o Alcino Soeiro, que foi assessor do Barbosa Lima Sobrinho na ABI, a Associação Brasileira de Imprensa. Eu conseguia imprimir o jornal junto ao sindicato dos bancários. Naquela época eu tinha muita relação com o pessoal dos sindicatos. E a Grumin na verdade era uma editora e não um jornal. Nós fazíamos principalmente cartilhas de conscientização.

Como era a Casa da Mulher Indígena?

A Casa da Mulher Indígena era um prediozinho, mas na verdade era uma filosofia, uma forma de luta. A gente construiu uma casa junto com a Vilma, filha do Marcos Potiguara, que ficou na coordenação de levantar essa casa fisicamente, tijolo por tijolo. O Grumin conseguiu a verba e repassou para que a casa fosse construída e para os projetos que a gente queria fazer lá. Projetos de farmácia fitoterápica, produção de roupas, artesanatos, feira de artesanato. Foi muita coisa que a gente conseguiu financiar. Primeiro com verbas internacionais pequenas. Depois, a gente conseguiu uma verba grande da Comissão Europeia.

Tinha um menino lá que dizia que era Casa da Mulher do Índio. Ele dizia assim: "Ah, vamos lá, hoje vai ter almoço na Casa da Mulher do Índio" Eu achava engraçado, mas era interessante ver que ele nunca dizia que a casa era das mulheres, a casa era da mulher do índio. Para você ver como que a mulher estava tão estigmatizada, ainda tão longe de que a sua cidadania fosse fortalecida. A gente fez essa casa, a casinha está lá até hoje, parece que agora virou lugar pra guardar sementes, que era um projeto que eu devia ter dado apoio, mas também não atinei da importância das sementes para a agricultura. Eles conseguiram trabalhar lá com esse projeto das sementes, o que também é ótimo.

Mas isso gerou muito problema também na época. Existia um grupo lá dentro da comunidade que era contra a minha pessoa, porque eu tinha revelado um ato irregular de arrendamento de Terras Indígenas pelos próprios indígenas. E piorou quando duas mulheres alemãs foram na comunidade para fazer uma visita, para ver se o projeto existia mesmo ou não. Foi então que surgiram problemas no trato com a comunidade. Ficou feio pro meu lado... Foi um momento muito difícil, porque eu não sabia quem estava tentando me matar. Eu estava recebendo ameaça de morte.

Em um determinado momento recebi uma ameaça e saiu no Jornal Nacional que Eliane Potiguara, Caco Barcellos e um outro escritor do Mato Grosso do Sul estavam sendo perseguidos e ameaçados de morte. Eu sabia que eu estava ameaçada de morte, mas não sabia que esse assunto ia chegar ao ponto de ser apresentado na televisão com difusão nacional. Nossa, ficou terrível pra mim. Eu fiquei apavorada. Já era 1991 e eu estava com o Marcos Terena na Kari-Oca. Juntou tudo, minha ação política local, que eu estava trabalhando nesse projeto com as mulheres, contra o arrendamento de terra, levando representante, o chefe de posto da comunidade Potiguara pras Nações Unidas, para dar depoimento.

Foi nessa época que eu acabei saindo do trabalho mais direto com a Casa da Mulher Indígena. Eu estava trabalhando internamente com as Nações Unidas e estava também trabalhando com o Marcos Terena no Comitê Intertribal. Eu sou fundadora, junto com Marcos, Megaron, Idjarruri Karajá e mais outras pessoas do Comitê Intertribal. Inclusive, o nome Comitê Intertribal foi sugestão minha, porque eu tinha conhecido o Intertribal dos Estados Unidos. Eu conheci o Antonio Gonzales, que foi do conselho internacional de tratados indígenas, e que me levou nos Estados Unidos pra conhecer o trabalho lá de como era o conselho internacional.

A gente foi aprendendo na porrada mesmo como é que tinha que fazer. Foi um momento da minha vida muito difícil. Foi o pior momento, eu estava com úlcera no estômago, eu estava com tudo que você pudesse imaginar. Doente e passando mal o tempo todo... Até que chegou um dia que eu tinha que fazer o tal depoimento na Polícia Federal. Minha tia Severina disse pra mim: "Não vá sozinha, pegue as lideranças e vai lá com todo mundo." A gente conseguiu um caminhão, não me lembro exatamente, estava tão nervosa nesse dia, e várias pessoas da comunidade foram comigo. A Maria de Fátima teve que dar o depoimento dela lá na Polícia Federal, aí ela, uma grande líder Potiguara, com aquele jeito forte de falar dela, de mulher guerreira, disse: "Onde a Eliane Potiguara cair, nós, mulheres, vamos abrir um buraco e vamos cair junto." Ela disse assim para o procurador geral na época.

A questão do nome foi importante, porque eu havia adotado o sobrenome Potiguara e outras pessoas da comunidade estavam fazendo o mesmo. Eu fui colocando que sou Eliane Potiguara porque existe o Mario Juruna, existe o Ailton Krenak, existe o

Álvaro Tukano. Fui dizendo que a gente não estava trocando o nome, que a gente estava assumindo a comunidade. E vários índios Potiguara estavam se assumindo, querendo ser chamados de Fátima Potiguara, Djalma Potiguara, Tonho Potiguara, Caboclinho Potiguara. A Polícia Federal perguntou então quem é que tinha mandado os indígenas se chamarem Potiguara. Aí todo mundo: "Foi a Eliane que mandou". Mas eu não mandei, não foi mandado, foi uma orientação, que nós assumíssemos nossa identidade étnica, que assim nós poderíamos ficar mais fortes, porque nós saberíamos que nós não somos índios. Saberíamos que nós somos nações, como tinha sido estabelecido na Declaração Internacional dos Direitos Indígenas na ONU.

Índio não existem, isso é um nome que o português utilizou pra nós chamar e até hoje as pessoas nos chamam de índio. Mas nós somos nações. O Brasil não poderia ser uma nação pluriétnica? Nós somos pluriétnicos, porque nós temos várias nações indígenas, várias línguas indígenas, nós somos povos indígenas. Mas essa ideia sempre foi vista como um absurdo para o governo brasileiro.

Foi assim que aconteceu o depoimento. Seu Domingos do Jacaré também foi. Coitadinho, quase nem andava, os pézinhos todo tortos, já velhinho, sabe. Mas ele foi... Eu tenho muita gratidão a esse povo. Eu tenho muita gratidão ao Seu Domingos do Jacaré, tenho gratidão a Maria de Fátima, ao Djalma, eu tenho gratidão a todas as pessoas que trabalharam comigo ali nesse empreendimento da Casa da Mulher Indígena. Foi nesse contexto que se deu o meu reconhecimento de identidade indígena.

Foi muito bom, ia ter uma festa, mas acabou não tendo porque choveu. Mas para mim aquele momento foi assim um marco para mim. Isso foi entre 1993 e 1994. Gostaria de dizer a vocês que eu tive muito apoio dessas pessoas.

Mas o depoimento foi só o caso limite, já tinha muita coisa acontecendo. Foram longos anos de perseguição, porque eu ainda insisti em ficar. Chegava, falava pro Marcos Terena o que estava acontecendo. Mas era plena preparação da Eco 92, o evento gigante sobre ecologia que estava acontecendo no Rio de Janeiro, e ele não podia misturar isso com perseguição política da Eliane Potiguara. Ele não podia resolver, não podia trazer esse assunto à tona, porque já tinha havido o problema com o Paulinho Paiakan. Ele não podia provocar mais um problema.

Eu só compreendi a ameaça que eu estava vivendo quando vi na televisão. Eu sabia que eu estava sendo perseguida, claro, mas eu não achava que ia acontecer alguma coisa tão grave. Eu estava trabalhando, levava meus filhos pra cima e pra baixo, ia viajar e deixava meus filhos na área, confiava. E fazia muita coisa para a comunidade. Desde questões estruturais até jogos de futebol. Eu montei um time de futebol junto com a comunidade. Os índios pediram e fizemos. Eles jogavam com as camisas doadas pela Grumin. E era importante.

E quando aconteceu tudo isso, quando eu percebi que as ameaças eram realmente sérias, eu estava para fazer 40 anos. E percebi que eu cumpri a minha missão, de dar um pontapé inicial. Alguém tinha que dar. E felizmente pude fazer o meu trabalho sem morrer. Estou agora com quase 70 anos, não vou ficar mais me metendo em comunidade de ninguém. Eu faço meu trabalho, sou escritora. Uma índia Potiguara.

Como foi a sua participação na Constituinte de 1988?

O processo da Constituinte foi muito intenso e bonito. Eu me lembro de sentir o cheiro de café pela manhã, acordar, e daí ver passar os Kayapós todos pintados, com seus rostos maravilhosos e os seus aparatos. Eu pessoalmente achava que a gente iria fazer a revolução dos povos indígenas, que iria conseguir mudar nossa história. Muitas lideranças estavam ali, havia muita esperança. Não eram todas as comunidades que estavam presentes, mas tinha muita gente. Eu queria que tivesse representantes de todos os povos, mas não foi possível. De qualquer forma, era muito bonito.

O Ailton Krenak já estava vendo mais pra frente, e já achava que aquilo não resolveria muita coisa. Mesmo assim ele atuou fortemente, pintando o rosto para discursar no Congresso e tudo o mais. Mas ele já estava percebendo que o que estava no papel não necessariamente se efetivaria. E infelizmente foi o que aconteceu. Hoje em dia está se rasgando essa Constituição, tudo o que conquistamos está se perdendo. Mas na época foi importante, as pessoas acreditavam que estava acontecendo realmente uma mudança, uma conquista de direitos.

E, apesar de eu não ter feito parte da elaboração do texto do artigo de direitos indígenas, eu fiz parte fisicamente do momento. Eu estava lá, porque as próprias mulheres indígenas solicitaram a minha presença. Ligaram para a minha casa no segundo dia e falaram que eu precisava ir para lá, que elas estavam precisando da minha ajuda. E eu fui. Não sabia no que poderia ajudar, mas elas me chamaram e eu precisava ir, fazer tudo o que estivesse ao meu alcance.

A minha contribuição foi principalmente dessa, de estar lá como testemunha do que aconteceu. Eu sou uma testemunha viva de que as pessoas realmente estavam se reunindo e discutindo. Os diversos povos, colocando seus pontos, uns com esperança, outros com desesperança. Uns pintando o rosto, outros fazendo passeatas, outros cantando suas músicas. A minha visão sobre a Constituinte é essa, de que houve uma luta grande para que se escrevesse um documento que todos pensavam que ia ser uma grande transformação para esse país. E que, chegando à data de hoje, a gente percebe que pouco aconteceu. Continuamos num patamar muito distante dos direitos mínimos, e estamos vivendo retrocessos.

Você teve uma participação forte junto à ONU. Como foi essa experiência?

Eu participei de muitas conferências internacionais, sempre atuando discutindo direitos indígenas e direitos das mulheres. Mas um problema que eu fui percebendo nessa minha relação com a ONU, especialmente quando começo a atuar fora do Brasil e conhecer melhor o trabalho que estava acontecendo pelo mundo, é que a ONU impõe pautas. Os movimentos sociais trabalham sobre os temas que a ONU dita. Porque são sobre esses temas que o dinheiro é despejado. Depois da conferência, só aparece dinheiro para o assunto escolhido. O dinheiro é todo direcionado. Se você tem uma instituição e precisa de recursos, e busca uma cooperação internacional, tem que trabalhar dentro daquele tema. Se o tema for desenvolvimento sustentável e você solicitar recurso para um encontro com mulheres sobre aborto, por exemplo, não vai conseguir nada. Porque se cria uma agenda muito restritiva em torno do tema escolhido pela ONU.

A Conferência do Cairo, por exemplo, trabalhou sobre a questão do desenvolvimento sustentável, de desenvolvimento e trabalho. Depois, teve outra conferência que trabalhou sobre o tema da população, do crescimento populacional. Só que isso torna as lutas muito presas a um tempo restrito. Porque você volta para a casa, começa a trabalhar localmente aquele tema, e logo mais vem a ONU impor outro tema. E não dá tempo de chegar até os povos, até os trabalhadores. O trabalho mal começa e já é interrompido. Os tratados, as declarações, tudo é feito em cima daquelas reuniões que as Nações Unidas promovem, com essas temáticas do momento. E vão se transformando em instrumentos internacionais, mas como não alcança as populações, não chega na base, fica tudo muito teórico. É tudo muito sazonal.

E se cria muita documentação, muito papel, mas pouca ação efetiva. Ainda mais no caso do Brasil, que não possui uma tradição de lutar por espaço dentro desses conselhos deliberativos. Eu fui participar, por exemplo, de uma conferência em Beijing, e se eu quisesse levar uma delegação minha, não deixavam. Isso foi em 1996. Eu solicitei cinco cadeiras para mulheres e eles não deram. O Brasil é imenso, tem várias comunidades, vários povos indígenas. Como uma pessoa apenas pode representar o Brasil?

Enquanto a gente via que o Equador, que é um país pequeno, estava com três mulheres representantes. A África do Sul estava com 20 pessoas. O Brasil só tinha uma vaga para indígena e duas ou três vagas para negros. Eu sempre vi isso, de um lado, como uma discriminação contra o Brasil, e de outra que isso acontecia porque nosso governo não se interessava em lutar por mais representação. Isso até melhorou depois, mas naquela época eu senti muito esse impacto.

Mas não é apenas esse o problema. Quando foram constituir o fórum permanente para povos indígenas, nenhum indígena brasileiro foi eleito. O Brasil é o único país que não tem um representante indígena. Quem vai lá é o antropólogo, é o representante do governo. Nós estamos em pleno século XXI, como que o Brasil não tem um represente indígena num lugar com essa importância? Lá tem os Kuna do Panamá, tem os Navajos dos EUA, tem indígenas do México, de todo lugar. Por que o Brasil não tem? Ainda mais um país que tem nomes como a Sônia Guajajara, que sabe tanto, que sabe falar de tudo sobre os temas indígenas com tanta força e eloquência.

Você foi uma articuladora desse surgimento de lideranças femininas na luta indígena. Como vê isso?

É incrível, né? Um dia eu escrevi assim: "Mulheres indígenas, organizem-se! Mesmo que seja em suas casas". Está lá no Grumin. Será que essa frase teve impacto? A gente nunca sabe, porque as pessoas não costumam dar muito crédito ao nosso trabalho. Eu sei que fiz um trabalho importante pelos direitos das mulheres indígenas, pelos direitos reprodutivos, sobre a questão da saúde das mulheres indígenas. Ninguém falava de violência contra as mulheres indígenas, especialmente dentro das comunidades. O Grumin foi o primeiro grupo a falar disso publicamente com clareza. Assim como eu sei que eu fui uma precursora do trabalho em torno da literatura indígena. É raro a gente receber crédito por isso, então tem que se motivar de saber a importância do próprio trabalho. Não adianta esperar que o reconhecimento venha de fora. É muito ingrato trabalhar com política comunitária, porque é um trabalho duro e muitas vezes silenciado.

Esse sentimento foi o que levou você a se dedicar mais à literatura nos últimos anos?

Com certeza! Uma hora eu coloquei essa questão: o que sobra para mim? Eu falo isso com dor no coração, sabe? Eu penso assim: sou uma mulher, sou uma indígena, não sou aldeada, moro em contexto urbano. Até porque seria uma hipocrisia morar numa comunidade agora, já que eu nasci e me criei em outro contexto. Eu nasci no Rio de Janeiro, tenho uma base ancestral, até espiritual, na minha família indígena, mas sou uma pessoa da cidade. E estou aqui, cheia de dores, com problemas de saúde, sem condições de organizar mais nada. Então, o que sobra para a Eliane Potiguara? Sobra a literatura.

É grandioso sobrar a literatura porque é um instrumento de conscientização. Seria demagogia dizer que "só" sobra a literatura, porque a literatura é muito. E é uma área bastante difícil de atuar. É difícil porque é preciso ter um dom. Não é qualquer pessoa que canta. Eu não vou sair por aí cantando. Eu tenho que ter conhecimento, tenho que ter técnica. E para você escrever um texto, ou uma literatura, também. Para ser escritor, é preciso estudar, sentar a bunda na cadeira, saber o que vai escrever, organizar o raciocínio, saber o que pretende dizer, onde quer chegar com aquele texto, e como fazer para as mentes pensarem em cima de cada ponto que você coloca no papel. Quando se escreve, está ajudando a formar outras mentes, a ampliar consciências, a trazer mais temas para o pensamento das pessoas. Não se pode escrever qualquer coisa.

Então escrever é difícil, e escrever literatura indígena é mais difícil ainda. A literatura indígena, na verdade, nunca existiu. Ela não existe, é apenas uma estratégia de luta, um instrumento de libertação, de conscientização. Eu sempre considero que a gente precisou partir para a literatura indígena porque não tinha outros espaços. Estava todo mundo ocupando os nossos espaços. Eu vi centenas de pessoas escreverem sobre as lendas indígenas, alterando o conteúdo do texto, o final da história. Escritores que não eram indígenas, que pegavam um mito e alteravam para um texto escrito. Muda tudo. Não pode ser mudado! Aquilo é feito por indígena, alguém tem que defender esse território também.

E foi a partir disso que surgiu o escritor indígena. Para poder garantir aquela história, aquela lenda. E para fazer que aquele autor tenha pensamentos com relação a esse momento histórico, político, espiritual que estamos vivendo. Um pensamento que vem desses povos, dessas culturas, e se relaciona com o entorno. Então a literatura indígena está funcionando como um registro daquilo que já existe na mentalidade dos nossos avós, dos nossos bisavós, dos nossos tataravós. É preciso segurar isso, senão vai escorrer por nossas mãos. Vamos perder o fio da meada. E também do que surge de novo, com os desafios dos nossos tempos.

O que eu faço com a minha cara de índia? Escrevo isso e mando para todo mundo. Por exemplo, "mulheres, organizem-se, mesmo que seja dentro das suas casas". O que é isso? Isso é um pensamento do passado, dos nossos avós, dos nossos bisavós, dizendo o seguinte: vamos conservar a nossa identidade indígena. Como vamos fazer isso, se o mundo lá fora faz de tudo para nos destruir? Se o mundo lá fora vem com toda tecnologia, com todas as estratégias para destruir a identidade indígena? Então, a gente tem que pensar como manter a identidade indígena, ao lado as crianças, ao lado dos velhos. E a literatura é uma estratégia para isso.

SOBRE-VISÕES

Depois de quase dois meses de luta dos Txukahamãe conseguimos uma pequena vitória que foi a demissão do presidente da Funai, Otávio Lima. Porém, isto não nos basta. É imprescindível demarcar definitivamente, na prática, todas as terras dos indígenas de todo o território nacional, o que perfaz um total de 316 áreas indígenas, e a Funai afirma já ter demarcado 122, mas que na realidade não há o mínimo respeito por parte das multinacionais e fazendeiros, haja vista o grande interesse, pois são terras ricas em minérios e outros produtos naturais, o que contradiz com o Capítulo II, Artigo 2 do Estatuto do Índio, que afirma: "Cabe aos índios ou silvicolas a posse permanente das terras que habitam e o direito ao uso e fruto exclusivo das riquezas naturais e de todas as utilidades".

O deputado federal Mário Juruna lançou um Projeto de Lei que se encontra tramitando no Senado Federal. Caso seja aprovado, a Funai será reestruturada e um conselho direitor e um conselho indígena, este compostos de cinco índios indicados pelos mesmos, irá substituindo decisivamente a figura a Funai. Criar-se-á Regionais em todo o Território Brasileiro, liderados pelos próprios índios.

A CPT (Comissão Pastoral da Terra) apoiada por partidos políticos, Contag, sindicatos rurais, fez uma cartilha em novembro de 1983. Afirma Ailton Krenak que esta cartilha contém um documento que diz respeito à distribuição de terras para os trabalhadores da área agrícola e em nenhum momento se refere à questão indígena. "O índio não pode ficar fora. É preciso que a CPT também estimule um projeto em relação à causa indígena, mas independente das populações rurais, pois essas populações necessitam apenas cultivar". E o índio vai além, devido a sua cultura e tradições.

Já existe um Conselho Mundial dos Povos Indígenas em vários países, com sede no Canadá, e em agosto, esses povos vão se reunir no México durante uma semana para discutir a questão indígena e lá será determinado um elemento líder no Brasil. Participarão: as Filipinas, Austrália, Lapões, China (100 milhões de índios), Tibete, Malásia e países da América do Sul e outros.

Nesta ocasião irão os representantes do Brasil, Mário Juruna, Paulo Bororo (Fundador da União das Nações Indígenas - UNI), Ailton Krenak e Álvaro Tukano, líderes da UNI, que possuem grande apoio da OAB, da Câmara dos Vereadores, Assembleia Legislativa, Congresso Federal e outras entidades de todos os Estados e Território Nacional.

As comunidades indígenas, hoje, já estão conscientizadas da situação geral em que vivem. Os índios, hoje, não são mais aqueles de épocas atrás. São guerreiros, reivindicam e estão a cada dia reconquistando os seus direitos. O índio está caminhando a passos largos e sabe o que quer. Os caiques Kretã e Marçal foram assassinados porque compreenderam o seu papel dentro das comunidades. Eram realmente líderes esclarecidos e conscientes de seus direitos. Só em 1983 foram assassinados 30 homens de diversas comunidades. Foi criada pelos próprios indíos em 9181 a rimeira Federação Indígena chamada União das Nações Indígenas – UNI.

Todas as comunidades, hoje, se unem e o povo brasileiro tem obrigação, como cidadão, em apoiar essa entidade na luta pelos verdadeiros direitos das populações indígenas e não mais rotular a questão indígena como se esta fosse uma luta minoritária.

A MULHER ÍNDIA POR UMA MULHER ÍNDIA

Depoimento na Conferência Nacional de Saúde
e Direitos da Mulher, 1986

Nas escolas brasileiras ensina-se a criança: Como "viviam" os índios? Os índios não viviam. Os índios vivem na luta pelo Direito à Vida. Ainda! Essa campanha de desinformação faz parte de um jogo maquiavélico do sistema, que objetiva a integração do índio à sociedade urbana e rural. Sociedade essa, desprovida de meios para a sobrevivência, sem terras para plantar, nem para índios, nem para brancos, negros, pobres e oprimidos, mas que basicamente provê recursos para os detentores do poder, uma minoria reinante.

A mulher indígena: efeitos da colonização

Os resultados da colonização trouxeram perdas muito grandes para as nações indígenas, bem como a descaracterização de costumes diários. E nesses costumes estão envolvidas as questões referentes à educação, à saúde dentro das comunidades indígenas.

A mulher indígena tem a função primordial de gerar o elemento novo, o filho, transmitindo cotidianamente a cultura de seus antepassados. Cabe à mulher essa transmissão. Se a comunidade recebe educação e assistência sanitária voltada para a cultura do branco, é claro que o resultado será bilateral. A igreja vem reformulando bastante os seus conceitos de doutrinamento dentro das áreas. Essa igreja progressista tem feito opção realmente pelos pobres, pobres, não querendo incutir seus conceitos e princípios, mas assessorando-nos em nossa luta, fundamentalmente respeitando a nossa cultura. Mas não foi assim no passado.

Por isso há necessidade de formação de profissionais índios para trabalhar dentro das aldeias. É uma reinvidicação do movimento indígena. Mas quem formará estes quadros profissionais? A Funai? Ela não consegue resolver os mínimos problemas dentro das áreas?

A penetração constante de antropólogos, médicos, enfermeiros, profissionais, missionários gerou um fluxo de doenças trazidas por esta pequena população. Há doenças dentro das áreas que só se resolvem com antibióticos e vacinas. As ervas que são utilizadas para a cura do índio têm sido substituídas pela medicina alopática. A mãe que outrora saberia rapidamente sanar a doença de seu filho com medicina natural hoje necessita de gotas, iodeto de potássio e até médico para fazer o parto.

O direito político materno

A participação política da mulher indígena dentro da comunidade é altamente valorizada, pois ela tem opiniões nas decisões dos grupos a partir do momento em que está educando a criança, produzindo no roçado, no dia-a-dia ao lado do seu companheiro. Quando o homem índio precisa sair da comunidade para discutir e resolver questões referentes à nação, às invaões de terra que são constantes, a mulher índia toma o destino da família em suas mãos, tanto na produtividade de alimentos, quando no apoio de solidariedade ao seu companheiro. A mulher tem sido um esteio, um braço direito, e tem reagido até de forma violenta, quando pela ocasião de conflito dos ínidos Kaiapó do Sul do Pará, onde tiveram que pegar em facões e lutar ao lado de seus maridos. Mulheres como Negrenié do Gorotire, Iné dos Karajá, Maria Quitéria dos Pankareré, Quitéria dos Xucuru-Kariri, Marta dos Guarani, Angela Matos, dos Tukano, Edna Souza, filha de Marçal Guarani, são mulheres que têm sido professoras, enfermeiras, labutando e levantando a bandeira da combatividade indígena. Fora isso, há outras mulheres que no seu silêncio reconstroem as nações.

A mulher e a luta indígena

Como vimos bem, acima, a mulher indígena tem a sua função política dentro e fora da sociedade indígena, o que muitos ignoram e subestimam essa função.

Quem é o povo brasileiro?

"O ventre que gerou
o povo brasileiro
hoje está só.
A barriga da Mãe fecunda
e os cânticos que outrora cantava
Hoje são gritos de guerra
Contra um massacre imundo".

DECLARAÇÃO INDÍGENA PRÉ-RIO 92

Depoimento na I Conferência Mulheres e Meio Ambiente, 1991

O GRUMIN (Grupo Mulher-Educação Indígena) realizou o I ORRIRIONÃ KINATOLORENÃ (mulheres corajosas em língua Pareci), I Conferência Mulher, em Nova Iguaçu (Centro de Formação de Líderes), Rio de Janeiro, Brasil, com a presença de 130 mulheres e homens indígenas do Brasil, EUA, Perú e Argentina.

Diante do massacre física, cultural e espiritual dos povos indígenas do Brasil, diante do desrespeito, do descaso, do abandono a que estamos submetidos, traduzidos em formas subliminares de discriminação racial e social.

Diante do fato de sabermos que em 1992 serão contestados os 500 anos de colonização estrangeira pelos povos indígenas.

Diante do fato de sabermos que em 1992 o Rio de Janeiro será palco da Conferência Mundial de Meio-Ambiente, promovida pelas Nações Unidas, decidimos, como brasileiros, patriotas e indígenas que somos:

1. Exigir definitivamente a demarcação de Terras Indígenas de todo o país, assim como assentar os pequenos posseiros, retirar os grandes latifundiários e solucionar os problemas de sobrevivência dos garimpeiros para que esses trabalhadores não invadam as áreas indígenas, deixando-as livres para seus verdadeiros donos, diminuindo assim os conflitos de terra.

2. Exigir que a demarcação das terras devam ser acompanhada pelas nações indígenas a partir do levantamento geográfico e antropológico segundo sua história tradicional.

3. Exigir o Direito à Propriedade Intelectual Indígena (Direitos Autorais) como garantia a preservação da nossa cultura, sobrevivência e da própria terra, para que através desse direito possamos nos auto-sustentar.

4. Exigir o cumprimento do Estatuto do Índio, garantindo o usofruto das terras indígenas para delas tirarmos a nossa auto-sustentação econômica, cobrando do Governo Federal que facilite os recursos e implementos para o trabalho na terra das 180 nações indigenas brasileiras; pela melhoria dos Postos de Saúde e escolas para o bem da comunidade.

5. Exigir a garantia da identidade de 40 mil índios do Nordeste que vem sendo discutida por antropólogos oficiais e grupos de interesses econômicos.

6. Exigir uma definição da política indigenista e que ela atenda aos interesses e necessidades das nações indígenas sem interferir nas culturas tradicionais, religiosas, línguas e ideologia indígenas.

7. Exigir que se acabe com os programas de esterilização da mulher indígena, garantindo sua prole e saúde materna, assim como de seus filhos.

8. Definir que Meio-Ambiente indígena é a terra, a cultura, as tradições e que nenhum desses elementos serão trocados por qualquer razão ou discussão nacional e internacional que não seja anteriormente definida pelas próprias nações indígenas.

9. Exigir a obrigatoriedade do ensino da cultura indígena nos currículos escolares, contribuindo assim para a valorização da nossa identidade, combatendo todas as formas de racismo no sistema educativo.

10. Garantir que as propostas indígenas sejam contempladas e absorvidas nas tomadas de decisões dos governos representados na Rio-92.

Rio de Janeiro,
6 de novembro de 1991

COMPROMISSO COM A FÉ INDÍGENA

Depoimento publicado no jornal Tupari em dezembro de 1992.

A coisa mais bonita que temos dentro de nós mesmos é a dignidade. Mesmo se está maltratada. Mas não há dor ou tristeza que o vento ou o mar não apaguem. E o mais puro ensinamento dos velhos, dos anciãos, parte da sabedoria, da verdade e do amor. Bonito é florir no meio de ensinamentos impostos pelo poder. Bonito é florir no meio do ódio, da inveja, da mentira ou do lixo da sociedade. Bonito, é sorrir ou amar quando uma cachoeira de lágrimas nos cobre a alma! Bonito, é poder dizer sim e avançar. Bonito é construir e abrir as portas a partir do nada. Bonito é renascer todos os dias. Um futuro digno espera os povos indígenas de todo o mundo. Foram muitas vidas violadas, culturas, tradições, religiões, espiritualidade e línguas destruídas.

A verdade está chegando à tona, mesmo que nos arranquem os dentes! O importante é prosseguir. É comer caranguejo com farinha, peixe seco com beiju e mandioca. É olhar o mar e o céu. E reverenciar os mortos, os ancestrais. É sonhar os sonhos deles e vê-los. É conviver com as "manias de cabôco", mesmo sufocados pela confusão urbana ou as ameaças agrestes, porque na realidade são as relações mais sagradas de nosso povo, porque são relações com a Terra e com o criador, nosso Deus Tupã. Bonito, é vestir os trajes do Toré e se honrar como se vestira os trajes dos reis e senti-los como a expressão máxima das relações entre o homem, a Terra e Deus. É sentir o Sagrado e o Universo.

O importante é crer e confiar, mesmo que na noite anterior violaram nossa casa ou nosso corpo. É preciso ouvir os velhos, o som do mar, dos ventos. É preciso a unidade entre as famílias. Por isso, pedimos a Tupã que nos proteja e dê um basta ao sofrimento secular de nosso povo comedor de mandioca. Pedimos à força superior que nossos pensamentos se elevem aos mais profundos planos sagrados da espiritualidade indígena, junto aos velhos, aos curandeiros, aos velhos pajés, muitas vezes apagados pelo poder, mas renascidos como FORÇA pela consciência do povo. Pedimos que nossos espíritos se elevem ao mais sagrado da sabedoria humana e recebam a irradiação do amor, da paz e do conhecimento em todas as nossas cabeças indígenas e de outras etnias e povos, transformando todo pensamento discordante, conflituoso, em pensamento de paz. Que nossos espíritos assim elevados construam a unidade entre todos os seres do planeta Terra.

Que possamos construir a partir de agora uma grande frente de energias, apoiada por todos que lêem ou ouvem esse compromisso, para garantir a dignidade de povos abandonados, condenados à extinção.

Não! Não podemos admitir a derrota. Há jovens, crianças sorrindo, há mar, há sol, há esperanças. Há espiritualidade!

Basta que soltemos as amarras do racismo imposto ao nosso subconsciente, esse inimigo que divide o nosso povo. Abramos a porta. Entremos. Nossos velhos nos esperam para a cerimônia da paz e da luz inquebrantável. Um grande marco se está colocando aos anciãos, aos guerreiros, nossos avós, nossas mães, nossos velhos defensores eternos da Terra e da Natureza.

Vamos, meu povo, elevemos nossos pensamentos a Tupã e abramos o nosso coração na *Oração pela Libertação dos Povos Indígenas* pelos 300 milhões de indígenas que habitam o planeta Terra. E pensemos na frase sábia do cacique Xavante Aniceto: "A palavra da mulher é sagrada como a Terra".

SOBRE OS DIREITOS DAS MULHERES INDÍGENAS

Relatório sobre a participação dos povos indígenas
na Conferência de Durban, da ONU, em 2002

Juçara: o início da solidão e do sofrimento das mulheres indígenas, motivados pela violência e pelo racismo

Muitas famílias indígenas foram separadas pelas invasões estrangeiras. Invasões do passado, invasões do presente, invasões do futuro. No passado, as frentes de expansão econômica, as frentes missionárias, as frentes de atração eram as causas das transformações sociais das populações indígenas. Em 1763, varicela, escarlatina, varíola, sarampo, gripe e tuberculose fizeram 7.414 vítimas! O padre Fernandez escreveu em um de seus relatórios que os portugueses e os mamelucos de São Paulo tinham assassinado, em 130 anos, 2 milhões de índios guarani nas bacias dos rios Paraná, Paraguai e Uruguai. Muitos desses indígenas vieram capturados para São Paulo, o Rio de Janeiro e até o Nordeste brasileiro. Em 1729, a chamada República Guarani somava um total de 131.658 indígenas escravizados. Os exércitos português e espanhol, na batalha de 7 de fevereiro de 1756, próximo a Bagé (sudoeste do Rio Grande do Sul), assassinaram Sepé Tiaraju e mais 10 mil guaranis. Sua esposa, Juçara, levaria às costas a menina recém-nascida que Sepé jamais veria. Era o início da solidão e do sofrimento das mulheres, motivados pela violência, pelo racismo e por todas as formas de intolerância, inclusive referentes à espiritualidade e à cultura indígenas.

Durante o processo de escravidão indígena, muitos pais e famílias cometiam o suicídio em massa contra essa forma de opressão. Atiravam-se dos penhascos. Isso era um ato de resistência. Nesse caso, percebemos que muitas famílias sofreram a separação, e é a esse enfoque que nos reportamos. Entre as causas da separação das famílias estão a violência aos territórios imemoriais dos povos indígenas e a migração compulsória. Isso provocou insegurança familiar, medo e pânico, causando loucura, violências interpessoais, suicídios, alcoolismo, timidez e a baixa auto-estima diante do mundo. Tudo isso motivado pelo racismo contra povos indígenas e em prol da colonização europeia. E mais, a destruição dos cemitérios sagrados dos povos indígenas, que representam uma forte referência cultural, fez com que famílias perdessem definitivamente o elo com seus ancestrais.

Violência, migração e consequências

Dando um salto cronológico na história, já no início do século XX, a violação aos direitos humanos dos povos indígenas continuava. E aqui contamos um caso particular, mas comum a milhares de brasileiros, migrantes indígenas. O índio Chico Sólon, pai das meninas Maria de Lourdes, Maria Isabel e Maria Soledad, foi assassinado cruelmente por combater a invasão das terras tradicionais no Nordeste. Amarraram-lhe pedras aos pés, enfiaram-lhe a cabeça em um saco e o arremessaram ao fundo das águas do litoral paraibano. A família colonizadora inglesa ainda assassinou muitos pais e avós de família.

Quase 70 anos depois, a empresa foi à falência e nunca se fez justiça a esses crimes organizados, objetivando os interesses políticos e econômicos locais.

Amedrontadas, as filhas de Chico Solón e toda a família migraram para Pernambuco, também no Nordeste do Brasil. Por volta de 1928, nascia a pequena Elza, filha de Maria de Lourdes, fraquinha e enferma por causa das condições de vida de sua família. Pouco tempo depois, todos migraram de novo, então para o Rio de Janeiro, em um navio em condições subumanas que trazia nordestinos, indígenas e negros para o Sul do país. Sem conhecer ninguém – e paupérrima – a família indígena permaneceu uns tempos morando nas ruas. Quando Maria de Lourdes, índia, mulher, analfabeta, paraibana, nordestina e já separada do marido, conseguiu trabalho, estabeleceu-se com os filhos em uma área de prostituição, a Zona do Mangue, próxima à estação ferroviária da Central do Brasil, na Praça XI. Para que Maria de Lourdes pudesse trabalhar, a debilitada Elza tinha que tomar conta de seus dois irmãos. Ia à escola levando-os junto, um no colo e outro na mão.

No começo da adolescência, Elza acabou ficando seis meses de cama por uma doença nos ossos, causada pela pobreza nordestina e indígena. Mais ou menos oito anos depois, a jovem Elza casa-se e tem dois filhos: um menino e uma menina. Lamentavelmente, seu marido é atropelado por um bonde na cidade e morre, ficando órfãs as suas crianças. A história se repete na vida de Elza: só, como sua mãe Maria de Lourdes, e sofrendo todas as conseqüências de ser uma mulher sozinha na sociedade, onde o poder paterno e racista dominava.

Em 1956, quando a filha de Elza já tinha 6 anos de idade, Maria de Lourdes, mulher indígena, analfabeta, paraibana, nordestina e agora quase mão-de-obra escrava nas feiras cariocas, inicia o processo de criação da menina, para ajudar Elza, que era faxineira em uma firma. A menina foi criada a sete-chaves, dentro de um quarto semi-escuro, e quase nunca saía. Quando via o sol, desmaiava. As necessidades biológicas e os banhos eram feitos ali mesmo. A cozinha, apertada e fora da casa, era cenário das caçarolas expostas; os peixes e carnes-secas eram pendurados como se fossem roupas no varal, e eram constantes as presenças de mandioca, fruta-pão, inhame, banana-da-terra, frutas em geral. Presume-se que a índia Maria de Lourdes mantinha a pequena menina Poti no quarto para preservar sua identidade moral, física, psicológica e indígena. Viviam em uma área socialmente comprometida, onde também havia uma colônia de estrangeiros vindos da Europa, migrados em conseqüência da Segunda Guerra Mundial, composta por carvoeiros italianos, bananeiros portugueses e comerciantes espanhóis, além de brasileiros pobres e miscigenados.

Ali naquele pequeno mundo, ou melhor situando, naquele pequeno gueto indígena, a menina foi ouvindo as histórias indígenas de suas tias, tias-avós e mãe, todas mulheres indígenas, migrantes de suas terras originais. Com exceção de uma tia, todas casaram, e tempos depois os maridos iam embora ou morriam, deixando-as sozinhas com os filhos para criar e enfrentando o racismo e a intolerância da sociedade machista e preconceituosa. Por muitos anos, a menina teve essa história como cenário de vida, tornando-se uma pessoa muito observadora, calada, sensível e espiritualizada, herança das mulheres indígenas que, mesmo fora das terras originais e violentadas pelo processo histórico, político e cultural, mantiveram sua cultura e seus hábitos tradicionais, principalmente os seus laços com os ancestrais, a cosmologia e a herança espiritual.

Quando a menina começou a ir à escola, sua avó a levava e permanecia do lado de fora das grades, tomando conta, observando todas as ações da neta. A menina nunca podia falar com as outras crianças, não conseguia se relacionar ou brincar, principalmente porque as outras crianças a estigmatizavam por ser indígena e por sua avó não ter hábitos de uma avó urbana. Assim, com a cultura indígena recebida no gueto familiar e mais a dedicação que tinha aos livros, Poti foi crescendo. Sua avó, analfabeta, sempre pedia que escrevesse cartas a uma determinada pessoa da área indígena de origem e sempre chorava ao receber as respostas. E, por isso, bebia demais. Quando 'a encarcerada domiciliar' se tornou professora primária – o orgulho da família pobre, indígena e desaldeada –, a sua consciência crítica estava borbulhando. Ao tomar contato com a filosofia da educação do professor Paulo Freire, um dos maiores educadores populares do Brasil, perseguido pela ditadura militar e exilado, a menina, agora mulher, ganhou o mundo. Incentivada pelo cantor comunista Taiguara, também indígena de origem Charrua do Uruguai, com o qual se casara, fez o retorno ao inconsciente coletivo, visitando várias nações indígenas e perseguindo, sem medir esforços, a verdadeira história de sua tão sacrificada, marginalizada e racializada família migrante do Nordeste brasileiro.

Visitou as terras tradicionais de sua mãe, de sua avó, de seus ancestrais espirituais. Ali sentiu a essência da existência humana e espiritual. O seu cordão umbilical queimava e seus pés não andavam. Flutuavam... Foi aí que conheceu um senhor muito velho e cego, o índio Marujo, de uns 90 anos, que narrou como se deu a retirada daquela família no início do século. Procurou outros velhos índios que confirmavam a mesma história e lembravam de Chico Sólon, pai de sua avó. Essa avó, Maria de Lourdes, com apenas 13 anos, assim como outras meninas indígenas, já era mãe solteira, vítima de violação sexual praticada por colonos que trabalhavam para a família inglesa, que escravizava a população indígena no plantio do algodão.

Com esse testemunho, a nova cidadã, agora sabedora de suas raízes, tinha a certeza de que estava em casa e queria resgatar e preservar sua cidadania e abraçar sua terra indígena. Entrou para o movimento indígena, criou políticas de resistência, atuou em um trabalho de campo que beneficiou muitas pessoas, mas esbarrou com a força reacionária, política e econômica do local. Quase foi morta por querer noticiar os fatos arbitrários e trazer a conscientização dos direitos indígenas para o povo potiguara, que, na época, sofria o impacto social e ambiental do arrendamento de suas terras por fazendeiros inescrupulosos que promoviam o racismo ambiental. Sofreu humilhações públicas, ameaças de morte, extorsões, inclusive difamação em vários jornais da Paraíba. Sofreu abuso sexual, prejudicando sua imagem moral, afetando seu trabalho, seu estado psicológico e de seus filhos e prejudicando sua Organização.

A Rede Globo de Televisão anunciou uma lista dos marcados para morrer e lá estava o nome dessa cidadã. Para não prejudicar a imagem histórica, política e social de seu povo, teve que se calar, pois havia indígenas envolvidos no arrendamento ilegal das terras. Foi obrigada a depor na Polícia Federal, acusada de incitar lideranças, de captar recursos internacionais para 'comprar' consciências e de falsidade ideológica, isto é, por estar assumindo sua identidade indígena, herança de sua mãe e avós. Os recursos vinham do Programa de Combate ao Racismo do Conselho Mundial de lgrejas, o mesmo programa que apoiava, na época, Nelson Mandela. Os recursos financeiros vinham também da Associação de Povos Ameaçados de Luxemburgo e da Unesco da França, para a construção da Casa da Mulher lndígena e a produção do Jornal do Grumin e cartilhas de conscientização e desenvolvimento de projetos comunitários. No entanto, as lideranças legítimas, os velhos, a mulher mais velha da tribo, Tia Severina, e os caciques não abandonaram essa mulher. Todos foram acompanhá-la à Polícia Federal. Dias mais tarde, deporia na Procuradoria de Estado, e Maria de Fátima Potiguara, uma índia xamã, e coordenadora local do Grumin, afirmou para o doutor Luciano Maia, na época procurador da Paraíba: "Onde Eliane Potiguara cair, todas nós, mulheres desse povo, iremos de caminhão, abriremos um buraco e cairemos todas lá!"

Esse depoimento e a ação internacional do Pen Club da Inglaterra, que mobilizou escritores que lutam pelos direitos humanos e organizações afins, fizeram parar as ameaças. Cartas e ofícios de solidariedade chegaram ao presidente do Brasil, Collor de Melo, ao Governo do Estado, à Prefeitura local e à FUNAI. Mas a violação aos Direitos Humanos dessa mulher indígena permaneceu como uma cicatriz profunda, porque nunca a justiça realmente se fez, e as mulheres de sua família vão levando para o túmulo esse legado.

Similaridade das histórias

Analisando essa história contada acima, que se passou no transcorrer do século XX, percebemos que a causa principal dos conflitos, dissabores, amarguras e solidão está lá, no início da colonização, e que a violência, o racismo e a intolerância aos direitos indígenas têm se arrastado ao longo do tempo, prejudicando dezenas de vidas e relações interpessoais. Assim, está formalizada a história de muitos indígenas que se separaram de seu território tradicional e de suas famílias. Esse é um caso a ser estudado também, para que se constitua um inquérito a partir de estudos antropológicos, baseados em histórias e testemunhos, para que se consiga resgatar a dignidade e a cidadania dessas famílias vítimas de racismo, exploradas e escravizadas por processos colonizadores em todo o território nacional, assim como também o foram os Povos ressurgidos e os quilombolas. Essa história não pode ficar nas vitrines. Esses gritos não podem somente ecoar ou ir para o túmulo. A história narrada acima não é incomum – já aconteceu com muitos indígenas, como nos casos de Marçal Tupã, de Ângelo Kretã, de Hibes Menino e de outros anônimos que deixaram suas filhas e esposas à mercê dos assassinos. Por isso, queremos dar visibilidade à história.

Anestesiada pelo paternalismo oficial dos órgãos públicos, que administram a questão indígena desde a 'descoberta do Brasil' até hoje, a esmagadora maioria de famílias indígenas violentadas nas aldeias onde vivem, ou desaldeadas e desestruturadas, permanece calada, por pressão política, social e econômica ou por desconhecer os seus Direitos Humanos. E esse paternalismo sempre foi uma forma de racismo. O racismo institucional.

Esse tipo de violência e racismo, isto é, a migração dos povos indígenas de suas áreas tradicionais, merece um estudo, assim como a situação das mulheres indígenas no Brasil, que sofrem abuso, assédio, violência sexual, que se tornam objeto de tráfego nas mãos de avarentos e degradados nacionais e internacionais. Essa é a causa que estamos levantando!

No mundo inteiro, os conflitos entre povos e o poder têm causado migrações, desplazamientos (povos obrigados a deslocar-se e a fugir por algum motivo, sejam guerras locais ou guerras internacionais, conflitos de raça, etnia). Muitas consciências já se levantaram contra essa situação e, principalmente, contra as conseqüências desses deslocamentos de povos de seu habitat natural, constituindo-se no chamado racismo ambiental. Muitos organismos das Nações Unidas têm tratado desse ponto com considerável atenção, mas ainda estão aquém do que seria necessário. E a mulher e as crianças são os mais atingidos nesse caso. A violação aos seus Direitos Humanos tem conduzido mulheres indígenas às mãos de homens corruptos que as seduzem por um prato de comida, por programas, promessas eventuais que confundem o universo feminino, pois tais mulheres têm sua origem em uma cosmovisão com valores e tradições totalmente diferentes do mundo urbano e masculino envolvente. Esse tem sido o caso de mulheres yanomami conduzidas à prostituição e ludibriadas por soldados ou comerciantes. Recentemente, um chefe indígena no Brasil Central passou por uma situação muito humilhante entre os parentes de seu povo, quando sua esposa partiu com um comerciante local não-indígena.

Em suas comunidades, as mulheres indígenas são iludidas pelo encantamento e pelas condições da sociedade envolvente, haja visto que centenas e centenas delas saem de suas casas para a insegurança das cidades próximas ou das grandes cidades. lsso constitui tráfico de mulheres, como se constata nos prostíbulos, nas zonas de baixo meretrício onde vendem seus corpos por migalhas, contraindo Aids e outras doenças, criando crianças sem futuro, famintas ou portadoras de HIV. A maioria vai ser empregada doméstica, mão-de-obra quase escrava, como atesta o depoimento da índia Deolinda Prado dado ao Grumin, há quase 20 anos, que motivou a criação do primeiro núcleo de apoio a empregadas indígenas em Manaus. As mulheres indígenas também trabalham como operárias mal remuneradas ou trabalham nas grandes plantações dos latifundiários, em um sistema de cativeiro, trocando trabalho por latas de sardinha e nunca conseguindo pagar sua dívida com o contratante. Muitas vezes, trabalham somente pelo prato miserável de comida ou por um pouco de farinha de mandioca. As que vão morar com homens sem caráter são transformadas em objeto de cama e mesa, submetidas a agressões físicas e a parir dezenas de filhos para viver miseravelmente nas palafitas da Amazônia, dentro e fora do Brasil, nas favelas contaminadas, moral, social, política e fisicamente.

Atualmente, com o apelo da comunicação de massa, muitas meninas e adolescentes querem projetar-se nos loiríssimos símbolos sexuais das grandes redes de televisão, modelos de beleza brasileira que deixam os homens enlouquecidos. É o que acontece com centenas de mulheres indígenas que se dirigem a Manaus, Belém, Boa Vista, Recife, Brasília, São Paulo, Rio de Janeiro e demais estados do Brasil, para tentarem ser também essas insinuantes loiras da mídia. Muita gente desatenta pode criticar, conduzindo seu raciocínio para um julgamento injusto, do seguinte tipo: "Essa população, então, não preserva mais os seus valores, já quer o mundo da sociedade envolvente!" O sistema político deveria garantir a dignidade, a preservação cultural e o direito territorial dos povos indígenas, mas não o faz. A Constituição, uma vitória nossa, ainda está aquém. Urge um Estatuto do Índio, criado, discutido e planejado pelos Povos Indígenas do Brasil que, há séculos, sobrevivem em um clima constante de insegurança, sem saber se o local onde estão enterrados seus mortos será, no futuro, o território de seus filhos!

Os instrumentos jurídicos internacionais resultantes das Cumbres e das Conferências Internacionais das Nações Unidas estão aí para serem aplicados pelos governos. Mas a cada vitória da população oprimida do mundo corresponde uma nova batalha para que os governos ponham em prática os direitos conseguidos. Tendo em vista os testemunhos como os citados acima e a referência política acerca da violação dos Direitos Humanos dos Povos Indígenas no Brasil, o engajamento do movimento indígena nacional no processo da Conferência Mundial contra o Racismo foi extremamente importante e histórico. Mais uma vez, as mulheres deram o passo inicial nesse processo político.

Os caminhos políticos na construção da participação indígena na III Conferência

Os caminhos políticos para construir a participação dos Povos Indígenas na Conferência Mundial contra o Racismo foram vários, considerando o leque de organizações que compõem o movimento indígena nacional. Cada organização indígena, com sua história e prática, contribuiu para essa participação, na medida em que elas já vinham reivindicando seus direitos junto ao Governo Federal, órgãos estaduais e municipais. Esses espaços de interlocução foram conquistados com a luta do dia-a-dia, nas aldeias indígenas, nos fóruns locais, estaduais, nacionais e internacionais, ao longo dos últimos 20 anos de trabalho de líderes indígenas vivos até hoje, ou assassinados como os referidos acima. Isso sem desconsiderar a liderança de homens e mulheres anônimos ou conhecidos que se esforçaram e sofreram ameaças até de morte para construir as bases dessa participação na Conferência. É importante ressaltar que não foi uma ou outra pessoa individualmente que construiu esse processo de participação, mas sim uma história, uma luta, um processo polêmico, sacrificado e humilhado, em que os atores principais foram velhos, velhas, homens, mulheres, jovens e crianças indígenas. As lideranças presentes em Durban foram apenas porta-vozes naquele momento. Essa luta foi construída por várias vozes indígenas, por mães nacionais, progenitoras de muitos índios Galdinos, por muitos Chicos Sólons, avós potiguaras!

A inclusão da denominação "Povos Indígenas" nos documentos oficiais, a ratificação da Convenção 169 da Organização Internacional do Trabalho (OIT), a solicitação de espaços de participação, cotas e inclusão da questão indígena nos Conselhos e nos Ministérios, a demarcação e homologação das terras indígenas Raposa Serra do Sol e outras terras polêmicas, a reivindicação de um Estatuto do Índio que parta da realidade atual dos Povos Indígenas, entre outras, são exigências que nós, Povos Indígenas, temos feito em todos os Fóruns nacionais e internacionais. Elas têm sido discutidas, principalmente, no Grupo de Trabalho sobre Povos Indígenas que, há 20 anos, trata da Declaração Universal dos Direitos Indígenas, e onde nós, particularmente, participamos como porta-voz em dezenas de sessões na ONU/Genebra.

Em outros países, os caminhos políticos de construção da participação na Conferência Mundial sobre Racismo não foram muito diferentes do processo brasileiro. A diferença foi apenas estrutural, não nos conteúdos e nas reivindicações de cada país, pois a similaridade entre eles é muito grande. Há de se considerar os avanços políticos referentes à questão indígena, como é o caso do Equador, onde a maioria indígena vem realmente conquistando seus direitos e espaços, embora sofrendo as consequências de seus avanços. Ainda nos deparamos com os indígenas Mapuche, do Chile, presos por lutar por sua cidadania contra o sistema de racismo, assim como com os da Guatemala. Rigoberta Menchu, Prêmio Nobel da Paz, recentemente desafiou o governo contra a migração de indígenas. No Brasil, a migração está invisibilizada e a população indígena está aumentando nas cidades interioranas e litorâneas, e a mulher indígena está cada vez mais pobre e mais enferma, em consequência da migração, do racismo e da intolerância que aí se encerram.

Quanto à questão de gênero, a luta tem sido dobrada pelo preconceito, pelo desconhecimento e pelo desinteresse dos envolvidos, o que contribui para tornar invisível a situação das mulheres indígenas no Brasil. Por isso, para falar da participação das mulheres indígenas na Conferência Mundial contra o Racismo, há um outro histórico que não pode ser ignorado.

Em 1986, o Grumin surgiu em uma assembleia na área indígena potiguara, na Paraíba. Após vários debates locais, cursos de capacitação, Seminário Nacional e Conferências Internacionais que realizamos, chega-se à crítica conclusão de que não existem estudos, cifras, estatísticas que documentem as maneiras como as mulheres indígenas estão sendo ameaçadas e violadas em seus Direitos Humanos, e a maneira pela qual elas podem estar se extinguindo devido à mortalidade materna, à mortalidade por violência física, por migração de suas terras indígenas e por conflitos culturais e políticos que ameaçam suas vidas, suas famílias e o direito ao território indígena e à sua cosmovisão. Há dez anos, quando o Grumin levantava a bandeira contra a invisibilidade da mulher indígena, a antropologia, a Igreja, as ONGs e o Estado conservadores nos olhavam como inconsequentes por falar em saúde e direitos reprodutivos. Acreditavam que esse assunto era alheio à cultura indígena e influenciado pelo movimento feminista!

Nós mesmas sentíamos os olhares questionadores quando distribuíamos o polêmico Jornal do Grumin, em um encontro sobre hidrelétricas, em Altamira, Pará. Lembro que um líder indígena nos mandou ir para a cozinha ou ficar fora das assembleias segurando os filhos no colo, inclusive o dele! Mas a guerreira Tuíra mostrou o facão para um empresário, dono da hidrelétrica que ameaçava a vida dos kaiapós do Pará. Acredito que aí se abriu uma brecha para a mulher indígena, embora ainda hoje tenhamos que pressionar para que as políticas públicas incluam a questão de gênero.

Também lembro como uma minoria de cientistas sociais, da Igreja ou não, sutilmente, causava intrigas entre nós, indígenas, por sermos urbanos, aldeados do Nordeste ou desaldeados. A discriminação contra nossa consciência era enorme, principalmente quando vínhamos das cidades ou éramos formados. Imaginem! A antropologia do passado próximo valorizava somente os aspectos culturais de um povo e os analisava estruturalmente, sem considerar os antecedentes políticos. Era uma antropologia burguesa baseada no preconceito de que só eram indígenas aqueles que viviam desnudos nas terras longínquas e sonhadoras do Brasil. Nós tínhamos nossas terras, mas fomos acuados para as cidades! Nossos avós foram assassinados. Não somos culpados. De vítimas passamos a ser discriminados e chamados de oportunistas.

A exclusão cultural, a invisibilidade histórica, os avanços, derrotas e desafios faziam com que buscássemos caminhos de conscientização através de cursos de capacitação, de consultas nacionais, seminários sobre cidadania, família e direitos reprodutivos. Nós nos fortalecíamos nas feiras de artesanato e nos projetos de desenvolvimento comunitário. Também utilizávamos cartilhas, jornais, panfletos e livros para a conscientização contra o alcoolismo, a violência, a desinformação, o analfabetismo, a ignorância de não querermos preservar e resgatar a identidade indígena, por vergonha que tínhamos de nós mesmos! Éramos bugres, índios, pessoas sujas e preguiçosas carregando uma imensa cabeleira de crina de cavalo, cheia de piolhos! Assim o racismo imperial impunha o que ele quer que sejamos.

Nossas ações eram estratégias para trazer essas questões à tona. Isso foi um desafio para os povos indígenas, pois os vícios e as condições impostos pelo colonizador estão enraizados: desinformação, analfabetismo, dificuldades de falar sobre sexo, alcoolismo, incesto e gravidez prematura, desequilíbrio emocional e psicológico causado pelas invasões das terras e ameaças de sobrevivência, a falta de alimentos, roupas e medicamentos, o desprestígio das parteiras, o desprestígio dos pajés, dos caciques, as intrigas, entre outros fatores.

As diversas lutas nacionais e internacionais que empreendemos pelos direitos humanos dos povos indígenas – desenvolvimento sustentável de cada nação, reconhecimento oficial dos direitos à propriedade intelectual e conhecimentos tradicionais, preservação da biodiversidade indígena e a lei das patentes, entre outras – permitiram a construção temática e política que motivaria a participação indígena na III Conferência contra o Racismo. E embora muita coisa tenha ficado sem ser feita, não nos arrependemos, pelo contrário, pois temos que acompanhar o ritmo da história e ir por etapas.

Contribuições da Conferência para as questões indígenas no Brasil e em outras partes do mundo

A participação dos povos indígenas na Conferência Mundial sobre Racismo contribuiu para a conscientização, para a unidade indígena em nível nacional e internacional, para o intercâmbio político-cultural e para incentivar os povos a continuar suas lutas locais, nacionais e internacionais. Em Durban, também estiveram representantes indígenas que hoje participam de uma conquista nossa dentro do sistema Nações Unidas, o chamado Fórum Permanente para os Povos Indígenas, cuja primeira reunião vai acontecer em maio de 2002, em Nova York.

No Brasil, a Conferência contra o Racismo impactou na medida em que as pessoas indígenas, cada vez mais, tornam-se conscientes de seus direitos e sabem onde podem buscar apoio. Hoje, os olhos da sociedade já não estão tão cegos. Já existem mecanismos e instrumentos jurídicos que os povos podem utilizar para a defesa de seus direitos. É claro, muita luta ainda existe, mas a Conferência continua ecoando, e o documento final produzido neste grandioso evento certamente será utilizado como recurso para pressionar os governos a implantar iniciativas favoráveis aos nossos direitos. Uma dessas iniciativas é o sistema de cotas e a inclusão de uma representante indígena no Conselho Nacional de Educação

Por isso, é importante que se façam cartilhas facilitadas, coloridas com ilustrações dentro da prática de cada um, sobre o documento de Durban, pois o documento final é longo e de difícil leitura. Como contribuição à Conferência Mundial contra o Racismo, o Grumin coloca alguns pontos em relação às mulheres e aos homens indígenas, que não são contemplados na prática, mas que podem facilitar a discussão e a implementação de mudanças na realidade atual dos povos indígenas. Os pontos de discussão e as sugestões apresentados a seguir não foram criados ou imaginados, não são estáticos; são dinâmicos e partiram de observações e conversas ao pé do ouvido. Nada técnico ou científico. Apenas real, apenas palavras não contadas. Acreditamos que tais referências possam ser analisadas, discutidas e servir para futuras investigações científicas, ações políticas, medidas legislativas, sociais, educativas e administrativas, enfim, ações afirmativas para Povos Indígenas. Os pontos são:

Conhecimentos Tradicionais e Patrimônio Cultural

* Que as mulheres indígenas curandeiras, líderes espirituais e os próprios pajés sejam valorizados pelas políticas públicas como conhecedores milenares da tradição indígena.

* Que o conhecimento ancestral sobre ervas medicinais seja uma prioridade em benefício da saúde e da integridade da mulher, da comunidade e da humanidade. Que as cerimônias de cura sejam respeitadas pelas políticas públicas

* Que a espiritualidade feminina possa ser resgatada, reconhecida dentro e fora da cultura e exercida sob a forma de pajelança que foi abafada pela imposição da Igreja, no período da colonização.

Violência

* Que as mulheres possam buscar socorro em caso de violência doméstica causada por alcoolismo de seu marido, pais ou irmãos e que possam falar sobre esse assunto sem receberem represálias.

* Que as adolescentes e meninas sejam esclarecidas sobre incesto, assédio, abuso e violência sexuais ou estupro, tenham acesso garantido à defesa legal e não sejam obrigadas a esconder o fato por medo, pena ou risco de vida, mesmo dentro das áreas indígenas.

* Que seja garantido o tratamento das conseqüências psicológicas da violência – física, moral ou resultante de estupro – como silêncio por medo, silêncio por não conhecer os seus direitos, alcoolismo, loucura, violência feminina com as crianças, etc.

Saúde Integral e Direitos Reprodutivos

* Que os agentes de saúde sejam na maioria indígenas e, se não, que sejam sensibilizados para tal.

* Que as mulheres indígenas e seus filhos tenham acesso facilitado e garantido à saúde integral, através das políticas públicas.

* Que as políticas públicas reconheçam os direitos reprodutivos das mulheres indígenas de acordo com as tradições e culturas, desde que essas culturas não violentem as mulheres.

* Que os métodos tradicionais de controle de natalidade, assim como as decisões culturais sobre a concepção e o parto, sejam reconhecidos nos serviços públicos, caso a mulher recorra a eles.

* Que a esterilização depois do segundo ou terceiro filho não seja imposta pelas políticas públicas e que a cesariana não seja uma imposição dos médicos.

* Que as mulheres e as jovens não sejam obrigadas ao aborto clandestino que as leva à morte e às enfermidades irreversíveis.

* Que os adolescentes, meninos e homens possam ser instruídos sobre o ato de concepção, responsabilidades paternas e as responsabilidades políticas na preservação da cultura e na garantia da identidade indígena.

* Que os homens e as mulheres indígenas possam ter acesso às informações sobre Aids e outras doenças sexualmente transmissíveis.

* Que todos os documentos produzidos pelo Movimento Indígena Brasileiro, órgãos governamentais locais ou nacionais contenham medidas em defesa dos Direitos Humanos das mulheres e seus direitos reprodutivos e que proponham ações afirmativas pela melhoria da qualidade de vida.

Conclusão

Em resumo, o governo deve reconhecer, na prática, o fator pluricultural e diferenciado dos Povos Indígenas, incluindo os direitos relativos a gênero, direitos sexuais e reprodutivos das mulheres indígenas, como foi discutido na Conferência Mundial contra o Racismo. As terras indígenas devem ser definitivamente demarcadas como garantia da integridade física, social, cultural, econômica e psicológica dos povos indígenas e, em particular, das mulheres – velhas, viúvas e mães solteiras. Os invasores devem ser definitivamente retirados para garantir a sobrevivência e segurança das mulheres, das crianças e das(os) mais velhas(os).

Os programas nacionais de desenvolvimento aplicados à mulher devem ser estendidos às mulheres indígenas, desde que a comunidade seja consultada e dentro do que espera e necessita esse povo. É necessário especificar detalhadamente medidas emergenciais que defendam em curto prazo os direitos das mães solteiras, viúvas e mães anciãs contra a violência doméstica e social.

A Conferência Mundial contra o Racismo, Discriminação Racial, Xenofobia e Intolerâncias Correlatas, vitoriosamente, teve sua marca peculiar. Foi a maior e mais expressiva Conferência em todos os tempos. Que possamos verdadeiramente colher os frutos em prol dos Direitos Humanos em todas as partes do mundo.

SOBRE O MOVIMENTO INDÍGENA 

Entrevista para a tese de doutorado de Daniel Munduruku,
realizada em Cuiabá, em 9 de outubro de 2009.

Quem é Eliane Potiguara

Eu me chamo Eliane Potiguara, sou uma pessoa muito preocupada com a evolução da humanidade em primeiro lugar, sempre nesse caminho do respeito pelo outro e pelo próprio autorespeito, e gosto de ser identificada sempre como indígena, que é a força maior que eu tenho na minha família, que é minha identidade enquanto povo indígena, povo Potiguara, de origem indígena potiguara. Sou escritora, professora, formada em letras, literatura, português e educação, e caminhado para este mestrado de desenvolvimento comunitário.

Nasci em 29 de setembro de 1950. Apesar de a nossa identidade estar conectada com todo um mito ligado ao nosso estilo de vida, em função da colonização potiguara, o povo ali foi colonizado pela igreja católica. O protetor dos potiguaras se comemora no dia 29 de setembro, que é São Miguel Arcanjo, e eu nasci nesse dia. E tem também a coisa não indígena, essa coisa colonizadora que venho trazendo ao longo da minha vida. Eu também considero importante essa outra faceta da minha vida.

Processo educativo

Tudo na minha vida eu não posso dizer que começou comigo. Começou em primeiro lugar com minha família. Eu sou de uma família muito pobre, extremamente pobre, família indígena que sofreu o processo da colonização do algodão na Paraíba no inicio do século XX e por essa razão a família sofreu violência nos seus direitos humanos, sofreu migração e eu sou o resultado disso aí, dessa história toda, sou o resultado da historia de vida, de luta de um povo, de uma família potiguara que se afastou literalmente de suas terras, família inteira, pra ter uma sobrevivência. Então se estou viva hoje é graças ao deslocamento compulsório dessa família. Estou viva graças a esta família pobre que, como todos sabem, viveu literalmente nas ruas, o processo social, local no Rio de Janeiro é que deu uma esperança a essa família, de desenvolvimento econômico através de articulações com pessoas que vieram da segunda guerra mundial, pessoas pobres como carvoeiros, bananeiros, então, minha avó se tornou uma grande comerciante de bananas, tinha barraca de bananas e eu pude estudar com estes recursos dela, e ela dizia que ela não queria que a neta dela tivesse a mesma vida que suas filhas, seus filhos, suas irmãs, seus pais tiveram. Queria que a neta dela se formasse uma professora.

Eu fiz todo o processo educativo sendo que no primário eu fui alfabetizada dentro de casa, depois é que fui à escola, escola primária, depois minha família me apoiou para fazer a escola normal, fiz a escola normal, passei num concurso público, passei pela universidade, passei por todo um processo mesmo, e gostava de estudar. Para mim o estudo era uma veia, um canal que me colocava em outras dimensões não aquela que eu vivia na minha casa pobre, em contato com ratazanas, pobreza, baratas, em condições sub-humanas que a gente vivia no gueto indígena, casa de cômodo, situação bastante pobre e éramos extremamente excluídos da sociedade. Então, foi ai que começou tudo.

Influência religiosa

Não, não tive nenhuma influência apesar de anos depois minha mãe ter entrado e ficado até o final da vida na grande fraternidade branca, que é a Fraternidade Rosa Cruz do Brasil. Eu não tenho assim uma influência em cima disso porque foram anos depois, mas não tive assim uma educação religiosa do catolicismo, do protestantismo, nada. Não tive nenhuma influência religiosa nesse sentido. Tive mais filosófica.

Entrada no Movimento Indígena

Primeiro, eu acho que já estava no Movimento Indígena (MI) desde que nasci. Como era de uma família combatente, guerreira que escapa da morte, foge, tem seu líder assassinado, então essa família tentou sobreviver. Segundo, eu tive muita influência da minha avó. Minha avó era uma guerreira muito combativa, mulher analfabeta, indígena bastante consciente de sua condição de mulher, pobre, nordestina e eu ouvi sempre a voz guerreira dessa mulher. Então eu me considero uma pessoa que já vem no MI de dentro de casa tendo essa visão. Depois, eu conheci o cantor Taiguara que foi uma grande personalidade artística e política no país que teve uma grande contribuição que foi o pai dos meus filhos e ele me deu um incentivo muito grande na parte política, enquanto minha avó me dava toda uma essência de vida. E eu fui buscar justamente com o apoio dele – ele me ajudou a pagar minhas passagens, meus cursos – eu viajava, eu pegava o ônibus e ia correr mundo. Nessa época não existia ainda uma categoria MI, um marco como, por exemplo, Mario Juruna, que foi um marco. Depois a União das Nações Indígenas (UNI) que foi outro marco. Antes disso tudo eu já viajava pelo sul do Brasil, pelo Amazonas, já conhecia a problemática das mulheres indígenas principalmente das mulheres indígenas que era meu ponto focal porque eu era neta, filha, sobrinha – a maioria da minha família é toda de mulher – fui procurar, fui procurar por opção e por incentivo mesmo dessas minhas tias-avós e nesse processo, voltando para o Rio de Janeiro, militando, ouvindo muitas reuniões que o Taiguara fazia dentro de casa com os políticos, eu fui aprofundando mais minha relação, tentando achar onde estava a nata da situação indígena, da questão indígena, como se poderia trabalhar a questão indígena, como estava esta situação, dos povos indígenas. Mais pra frente eu ouvi falar de Mario Juruna (MJ). Foi meu primeiro momento foi quando eu conheci o MJ na campanha dele pra deputado, antes já tinha ouvido falar de Ailton Krenak (AK), Álvaro Tukano (AT), e essas duas pessoas me deram um apoio muito grande. Por causa deles é que acabei me chamando de Eliane Potiguara (EP). Minha mãe quando os conheceu ficou encantadíssima com eles. Disse: – Minha filha, você está no caminho certo. Segue. É por aí mesmo. E foi aí que comecei as minhas primeiras articulações com o tal do MI, que tinha sede em SP. Eu pegava minha filharada toda pelas mãos e ia pra lá. Todo mundo achava um absurdo porque diziam: – Lá vem essa mulher com um bando de filho atrás. Era muito engraçado isso tudo. E eu ia no sacrifício. Deixava o Taiguara, que ia buscar os caminhos dele e eu ia buscar os meus, e foi quando minha avó, bem, antes minha avó tinha essa vontade que eu voltasse, buscasse o povo potiguara, e foi com o apoio do Taiguara que eu fiz essa volta, eu chamo de volta, apesar de não ter nascido na área potiguara eu considero como uma volta, e depois que eu estive com a comunidade indígena e que as pessoas me apoiaram, João Batista Faustino, por exemplo, que foi um grande cacique e grande mentor político na minha cabeça como líder potiguara, ele era vereador, tinha uma consciência muito grande de identidade indígena, território indígena, de terra, de demarcação, era um momento político muito importante na época, 1979, quando a Tagira nasceu. Ela foi batizada nas águas potiguara. A criançada toda, os adolescentes, jovens e velhos agarraram minha filha e não me entregaram mais a criança que ficou rodando a comunidade inteira com aquele carinho todo. Quer dizer, eu me senti em casa. E a partir daí, vendo as demandas dos potiguara eu fui articulando com o vereador, conversando com ele, com o cacique, com as lideranças locais foi quando a gente implementou o primeiro encontro potiguara de luta e resistência que já foi em 1988 pra 1989. Com isso, eu já estava acompanhando o MI com AT e AK, MJ nas questões da Constituinte. Eu participei nas discussões em Brasília, participava de algumas reuniões que o CIMI promovia, inclusive fui convidada pelo CIMI para ir a Dourados fazer uma primeira reunião com as mulheres indígenas. Era um movimento muito bom, muitas emoções, nós não tínhamos formação de nada, de estratégia, de gestão todas estas palavras que hoje tem. Não tinha internet, não tinha nada. Como adorava escrever acabei criando um jornal. Criamos um jornal que foi de repercussão nacional. Afinal, uma mulher indígena montando um jornal cheio de denúncias sobre violação de direitos humanos dos indígenas, das mulheres e sobre violação de direitos de territorialidade, de terra, demarcação, de Polícia Federal, de conjuntura nacional. A gente falava de tudo nesse jornal e tinha sempre um espacinho pra tal da literatura, dessa literatura mais mágica, mais mítica. Então eu comecei achando que você ter um jornal na mão – e acho que o AK já tinha feito um jornalzinho, um tablóide, não era nem um tablóide, era um jornal pequeno – e acho que também fui influenciada pelo Krenak para esse jornal. Porque também na época o pessoal não dava muita guarida pra mulher indígena, não. O pessoal era um pouquinho machista, vamos dizer a verdade. Então teve que abrir canais, fincar o pé para conseguir alguma coisa e o jornal foi um caminho. Mas eu tive a coragem de lançar uma cartilha de cons-cientização política chamada "Terra Mãe do Índio". Ela não tem uma beleza estrutural, mas ela tinha e tem um conteúdo muito político, muito forte que marcou época e formou mentes dentro da própria comunidade potiguara de jovens que eu conheço e que hoje já são até pais de família que disseram: olha, aquela cartilha "Terra Mãe do Índio" fez minha cabeça. Como outras lideranças nacionais disseram que tinham lido esta cartilha e que ela tinha aberto a cabeça, como a Fernanda Kaingang, por exemplo. Quer dizer, a gente foi trabalhando. Eu tinha apoio de muitas mulheres potiguaras como a Maria de Fátima, a Vilma, Comadre. Tinha muita mulherada. A mulherada tava muito motivada que era uma coisa nova, uma idéia nova. Quer dizer, a minha integração no MI foi com essa vertente. Era uma coisa que nem se comentava a questão de gênero no país. Isso veio depois. A gente já fazia movimento com essa inserção de gênero, qual o papel da mulher na sociedade, na educação dos filhos, na formação da comunidade, na preservação da cultura indígena. A gente já vinha com isso. Por que? Porque já vinha nossas avós, de nossas famílias, de nossas avós, das nossas tias. Eram preocupações anteriores que elas não tiveram oportunidade de se posicionar justo porque havia uma repressão. Se nos tempos atuais a situação da mulher ainda fica aquém, imagina naquela época da nossa vovozinha. Quer dizer, eu vinha com uma força vital muito importante, formação muito visceral, era de pele. Não era formação de escola, de literária, era de pé de ouvido, coisa da família. Então penso que minha primeira formação é a familiar. Eu tenho uma formação muito bonita, muito nobre, que eu muito me honro, muito me orgulho dessa formação que nasceu na família. Essa formação muito guerreira, essas mulheres que mostraram meu caminho para ser um ser feliz. Qual é o meu papel nesse planeta terra e qual minha missão nisso tudo. E nessas outras décadas – desde 1979 – eu venho só mantendo isso e tentando difundir essas ideias e difundir esse processo todo.

Os valores presentes no Movimento indígena

Eu acredito muito – em primeiro lugar – nesses valores morais, da família. Na relação pai e mãe, filhos. Valores étnicos. Acho que estava numa hora em que as pessoas tinham necessidade de dizer quem eram essas pessoas. A gente passou por um momento muito importante de identidade nacional. Ai veio nesse processo o movimento negro, os outros movimentos, os sem-terra. Acho que fomos felizes porque construímos essa cara. Claro que somos todos iguais, mas porque a gente tem que dizer que é indígena? Porque alguma coisa está nos sufocando. Por que o cigano precisa dizer que é cigano? Porque alguma coisa o está sufocando. Então, a gente passou por um processo de auto-afirmação muito grande, ainda estamos passando. Depois de todas estas décadas ainda estamos passando por isso. Um dia não vai precisar mais. Vamos ser todos iguais. Mas as pessoas só vão respeitar você quando você disser, você se impor. Então, os valores morais – não falo dessa moralidade cristã, falo de princípios, princípios de vida – isso foi muito importante na formação desse primeiro momento histórico, político, filosófico.

Receios, medos

(Pensando por uns segundos) Eu não tinha medo nenhum. Acho que minha... Não sei se era uma irresponsabilidade. Hoje eu penso assim: teria coisas que fiz que não faria hoje. Enfrentar fazendeiros. Por exemplo, minha mãe, junto com meu irmão, estevam dentro do CACO – minha mãe era praticamente analfabeta, mas ela cantava, tinha o poder da arte – e ela se articulou com o movimento do CACO no Rio de Janeiro e acabou sendo perseguida e teve que sair – embora não tenha sido presa – mas eu fico pensando que se minha mãe que não tinha cultura nenhuma – cultura formal – era uma pessoa praticamente iletrada, só fez o primário, estava a frente do movimento de estudantes junto com meu irmão, meu irmão que estudava música na Escola Nacional de Música... Quer dizer, nos éramos pessoas que não temíamos. Justamente pela formação que tinha tido. A gente não tinha medo de nada. Eu não consigo identificar nada agora, no momento dessa entrevista. Pode ser que até o final dessa entrevista eu possa te dizer alguma coisa, mas eu não tinha medo de nada. O que posso dizer é que eu não tinha medo mesmo. Eu estava de peito aberto para enfrentar qualquer coisa. Tanto que eu – minha rebelião foi tanta – que eu passei por problemas políticos sérios na área potiguara. Fui colocada numa lista de pessoas marcadas para morrer, anunciada pela TV Globo – uma lista que incluía Caco Barcelos, aquele outro escritor do MT (Rogério) – quer dizer não tinha medo. Estava de peito aberto para qualquer coisa. Eu acho que eu não tinha medo, não.

Preocupações pessoais que motivavam militância

Antes eu tinha viajado para o sul do Brasil – Santa Maria, Bagé, Santo Ângelo, Paraguai – e tinha conhecido muitas comunidades indígenas que estavam vivendo uma carência e um desrespeito muito grande e isso foi o que mexeu comigo justamente porque identificou, me colocou no mesmo lugar da situação que estava vivendo, minha família estava vivendo, sofreu quando passou por esse processo de migração compulsória. Eu me vi também, me vi ali naquele povo guarani, eu via minha família ali. Então eu assumi aquela luta, aquela defesa, como defensora nata e a importância disso pra mim é que parecia que eu estava fazendo justiça ao que aconteceu com minha família. Porque até hoje eu não considero que minha família foi feita justiça com ela. Sei que vai acontecer, mas não sei quando pode acontecer com os povos indígenas do Brasil porque são estas historietas que motivaram essa evolução, esse caminhar dos Direitos Humanos dos povos indígenas, então nós que fomos estas pessoas sem medo é que deram os primeiros passos. Agora, está certo? Está Errado? A gente não sabe. Não sabe nunca nada.

Visão de futuro

Fui muito influenciada com a política do momento, eu vivi a política do momento, vivi a ditadura militar, vivi todo esse processo; o próprio Taiguara sofreu com este processo – ele era de origem charrua, do Uruguai –, eu estava respirando política o tempo todo. Falava de justiça, igualdade social, a gente estava vivendo um tempo difícil e a gente tinha que caminhar em busca da igualdade. A gente estava vivendo um movimento no planeta pela luta pelos Direitos Humanos contra o imperialismo. Era uma luta antiimperialista. Minha visão de futuro nesse momento era que a gente queria igualdade social para todas as pessoas, a gente queria que todos os seres fossem iguais. Essa era a mentalidade daquela época, mas era preciso construir isso. A gente era muito romântico, a gente tinha uma visão muito romântica da coisa. Até entrar em partido político, fazer revolução, fazer guerrilha. Mas eu não fiz nada disso. A parte de pegar em armas, nada disso eu fiz. Mas eu hospedei em minha casa alguns guerrilheiros, pessoas inclusive de origem indígena, mas de certa forma a ideologia estava ali e a gente estava caminhando naquele processo político e meu objetivo era ver o que todos queriam naquele momento, os universitários. Todos aqueles apaixonados queriam ver a justiça social.

A visão do Movimento Indígena

Todos nos éramos influenciados por este processo porque foi um momento político muito importante porque então estava todo mundo – os camponeses, a Liga Camponesa que existia na época, os trabalhadores rurais, o proletariado, os sindicatos, os professores, todos estavam motivados para este processo de uma conscientização nacional, uma libertação nacional. Eu vejo que o MI caminhou junto por este processo nacional que na realidade foi um pouco um processo internacional. Claro que cada um teve uma válvula de escape, cada um teve seu momento, uma saída, mas eu vejo que – na conversa com muitas pessoas dos movimentos sociais – sejam de Manaus, do interior de Goiás, as mulheres indígenas de Manaus – eu via que elas falavam, que tinham o mesmo discurso que uma pessoa de um sindicato. Diziam que estavam sendo vilipendiadas nos seus direitos, os militares... Elas eram empregadas domésticas de militares que abusavam sexualmente delas, que elas eram mão-de-obra escrava para estas pessoas, para estas famílias burguesas, a maioria delas militares. A gente via que havia uma grande insatisfação do povo brasileiro nesse processo de conquista dos seus Direitos Humanos. E não existia exercício de direito nenhum. As pessoas estavam altamente violadas. A gente vinha disso.

Parceiros

Justamente, quando o CIMI, que estava ligada ao PT, e o PT era uma facção religiosa, ligada a filosofias religiosas, cristãs, e foi um movimento que nasceu no Brasil e é por isso que está até hoje no governo. O PT conseguiu o objetivo, mas não sei se mudou a cara. Aí seria outra discussão, que não quero entrar no mérito, mas foi uma grande onda e que a Comissão Pastoral da Terra (CPT) estava ali junto com os povos indígenas. Eu mesma participei de muitas manifestações populares onde estava presente toda a sociedade civil...

Avaliando os parceiros

Eu avalio que estes parceiros foram importante num determinado momento histórico. Mas eles tinham ainda uma grande dificuldade de perceber que a questão indígena era diferente, era que nós tínhamos a nossa terra e tínhamos nossas diferenças étnicas. O indígena brasileiro nessa época era visto mais como um povo generalizado não se dava tanto valor ao processo étnico, etnia a, b ou c, então eu acho que a gente teve um pouco de dificuldade para colocar esse processo para ser mais clarificado e acho que a educação indígena teve seu papel importante e a literatura em seguida para definir com estes parceiros todos – de terra, sindical, agrário, partido político, de sociedade brasileira

– eu acho que nós fomos muito felizes em todas as dificuldades com a falta de dinheiro, falta de apoio... Fomos muito felizes de fincarmos pé e dizer "nós somos diferentes, não somos um movimento que podemos caminhar com o movimento social como parceiros", mas sabendo que temos nossas diferenças e que essas diferenças – eu lamento dizer – com todo avanço político que teve em nosso país, essa diferença ainda não foi consagrada oficialmente pelo governo brasileiro – porque senão hoje a gente teria até um departamento dentro do Seppir (Secretaria Especial de Políticas Públicas para a Igualdade Racial) que contemplasse povos indígenas. Não tem, dentro da questão racial, os povos indígenas. Tem para a população negra. A gente não tem pra nós ainda. Por que? E a gente não conseguiu ainda se libertar desse processo paternalista, político, que esse órgão institucional que é a Funai. Parece que está difícil, temos que travar alguns embates, ter alguns desafios para que a gente possa ter essa autodeterminação.

Avaliação do Movimento Indígena

(Pensando alguns momentos) O MI também foi muito influenciado por facções. Eu vejo que houve muita gente, houve muitas instituições governamentais, instituições acadêmicas, filosofias acadêmicas, ideologias, que formaram esse inicio de movimento e aos poucos o movimento tem construído uma cara e há de se construir um pensamento indígena brasileiro, a gente ainda não tem, eu que vivi com esse movimento desde o inicio, considero que ainda não tem cara ainda não. Tem que trabalhar muito. Quem sabe possa ser através da literatura indígena, talvez seja essa até uma estratégia que a gente possa estar usando. A leitura chega àquela criança, aquele adolescente. Numa reunião de lideres políticos as pessoas já estão de cabeça feita, mas as outras mentes podem pipocar por aí e pensar: poxa, o Movimento teve esse lado, de muitas influencias, a gente não conseguiu criar um pensamento nacional indígena, nós temos muitas influência, ainda há muito paternalismo... A gente está em fase de construção do movimento indígena. Eu digo sempre que o MI ainda não é um MI. O MI está em fase de construção enquanto vários movimentos justamente para contemplar as diferenças étnicas, (haja visto as 288 nações indígenas), eu acredito ser muito difícil ter esse movimento nacional, nós temos vários movimentos, inclusive a literatura indígena ela é um movimento. Somos nós, os indígenas em movimento.

Caráter Educativo do Movimento Indígena

Eu vi o MI como auto-educativo. Além de educar a si mesmo ele tinha finalidade de conscientização. A palavra chave era conscientização. Nos pequenos encontros que fazia, participava, sempre tinha sim um momento de crescimento pessoal – tanto que tudo isso desembocou numa necessidade de formular uma nova educação indígena no Brasil –, vejo que hoje temos a Educação Diferenciada, os professores já são indígenas, o corpo docente e discente já são formados por indígenas, hoje as pessoas exigem que todos sejam indígenas, necessitam, precisam, ocupam esse espaço. Alias, não é nem exigir. Elas querem e são protagonistas e entram pra serem as protagonistas neste processo de educação. Então acredito que todo esse processo de movimento de luta, de conscientização, isso tudo desembocou especificamente falando, nessa nova educação indígena, desembocando também na literatura que temos hoje, nessa necessidade que temos nossa forma de escrever, vontade de manifestar. Esse foi um momento novo muito bonito. Eu não tenho arrependimento de nada do que vivi, consigo ver as etapas, vislumbrar as etapas. Claro que a gente fez muita coisa errada, a gente não sabia, na época não existia ninguém para orientar, era uma coisa de dentro, espontânea, apesar de que era espontâneo no nosso coração e já tendo pessoas querendo abraçar nossa espontaneidade – eu não posso deixar de dizer isso –, tanto que muitas tendências aconteceram neste movimento tem uma cara a, cara b justamente por causa desse grupo que abraçava esta espontaneidade das pessoas indígenas. Nos éramos realmente muito espontâneos.

Avaliando sua própria participação

Minha grande contribuição foi ser muito panfletária, ideológica, teimosa, sem medo. Determinada. Senti-me uma pessoa assim, mesmo que às vezes tivesse que chorar, derramar lagrimas e sofrer, mas eu tinha uma força interior muito grande, algo muito forte dentro de mim, realmente algo muito forte que fugia a minha própria condição humana. Esse impulso, essa força interior que tinha que eu chamo de guerreira foi muito importante para mim e para várias pessoas também do próprio movimento que também tinham isso.

Resultados de atuação

Eu acredito que nos hoje temos uma educação diferenciada, temos uma cara de movimento, cara literária, de certa forma demos um pontapé inicial nesses panfletos que a gente fazia, nestes poemas-posters que a gente espalhava por aí, Oração pela Libertação da América Latina, Atos de Amor Entre os Povos, O que faço com minha cara de índia... Falo como uma pessoa sozinha, como realização pessoal. Então, a minha contribuição foi mesmo de criar polêmica. Eu sempre joguei uma gota de nitroglicerina nos debates e nos espaços e deixava acontecer, e depois saia fora e depois tomava as porradas por aquilo, porque vinha de qualquer forma. Das próprias pessoas que estavam acima ou das pessoas que estavam em volta, mas me sinto assim uma pessoa que conseguiu dar um pontapé inicial nessa discussão de gênero – que não se falava em gênero – depois as instituições internacionais só apoiavam os projetos das organizações sociais indigenistas, só apoiavam projetos se essas instituições tivessem um recorte de gênero e a gente é que falava disso, a gente nem sabia o que era isso, mas a gente já falava de gênero, da participação da mulher, da participação da criança do velho, da viúva, a gente tinha essa preocupação de que essas pessoas tivessem voz. Na parte literária também me considero uma precursora por ter trazido os primeiros textos e jogado no território nacional, e deixar ver o que acontecia com este trabalho.

Valeu a pena?

Valeu. Claro que valeu a pena. Estou aqui. Sou um ser humano feliz. Talvez se eu tivesse em casa vendo televisão, cuidando de limpeza de casa – faço isso também – mas eu não seria uma pessoa feliz e chegar à conclusão que dei uma pequena contribuição para esse processo, para essa construção, se não tivesse tomado parte nesse exercício de direitos dos povos indígenas.

Você é otimista?

Sou otimista... (pensando alto) Deixa eu ver se sou otimista.. A maioria das vezes sou otimista. Apesar de que às vezes tenho algumas coisas negativas, mas busco pensar positivamente, procuro pensar sempre positivo no planeta terra. Eu sou uma pessoa às vezes triste. Às vezes me entristeço pelas coisas, pela não capacidade de realização de determinadas coisas, mas também por não ter tido acesso, por não ter dado continuidade aos meus estudos, porque na realidade queria ter sido uma antropóloga e não consegui, porque me casei, tive filhos e não pude estudar, mas agora com 60 anos que vou fazer estou buscando fazer este mestrado e retomar alguma coisa que não consegui de forma mais acadêmica, científica. Fiz as coisas ao longo da vida muito do lado do romantismo, do lado da espontaneidade, na força de vontade, da coisa que falo da guerreira que vive dentro de nós, influenciada pela família, eu sou otimista sim, eu tenho uma postura otimista pelo planeta Terra e eu ainda tenho muitas coisas para fazer, tenho muitas coisas aqui ainda.

Quero acrescentar que tive a grande alegria e felicidade de ter participado da elaboração da Declaração Universal dos Direitos

Indígenas em sete sessões seguidas em Genebra, e que esta declaração está aí como uma conquista nossa na área jurídica; a convenção 169 também que eu também tive a participação neste processo e me orgulho de ter participado nesta construção jurídica para o futuro dos povos indígenas do Brasil; orgulho-me de participar do movimento intelectual na construção de melhores condições de vida, de garantia destes nossos conhecimentos ancestrais, o que são esses conhecimentos? Como vamos conservar isso? Como vamos trabalhar estes conhecimentos? Como vamos levar adiante? Então, me orgulho de participar de tudo isso.

Mensagem aos jovens

Minha mensagem aos jovens é que respeitem os mais velhos porque os jovens são abusados pra caramba, como eu era, então o jovem precisa ouvir um pouco mais – ser combativo, ser resistente – mas ouvir um pouco mais e respeitar um pouco mais as pessoas mais velhas. Acho que não está havendo este respeito principalmente dentro do movimento indígena, acho que o pessoal precisa se ligar nisso aí.

PENSAMENTOS ANCESTRAIS E DIVERSIDADE CULTURAL

Publicado originalmente no blog
da autora, em 2012

Os conhecimentos ancestrais são a base de sustentação da identidade indígena de um povo, seja ele qual for. Numa época colonizadora, onde a colonização portuguesa e espanhola foi determinante na formação do novo contingente na chamada América Latina, falar de Identidade indígena é quase que possuir um rico diamante diante das perdas culturais e violências que os povos originários enfrentaram.

No entanto, esse rico diamante está internalizado de tal forma na vida dos povos originários que mesmo com tantos massacres, retrocessos e até genocídios comprovados pela História, esses povos continuam exercendo o seu direito à sua identidade, que é o seu maior patrimônio!

Não que isso tenha sido concedido, mas conquistado com determinação e luta pela sobrevivência física, cultural e espiritual desses povos, mesmo com o processo de miscigenação que ocorreu em diferentes tempos e lugares.

Nesse processo de reconstruir-se a cada tempo, a cada época ou a cada século, povos indígenas além de manter sua identidade buscam viver de forma sustentável, porque sua visão de vida e de mundo é uma forma que preserva a terra e seus recursos naturais sendo uma sociedade com visão democrática produtora e distribuidora, onde o ego não existe e o outro é o seu referencial. Sendo assim, muito líderes indígenas na América Latina evocaram seus cânticos lutando e dando suas próprias vidas pelos seus povos.

Essa forma de pensar sustentável foi observada pelos grandes filósofos, pensadores e educadores socialistas ao longo dos últimos séculos em nosso continente. Foi graças a alguns deles, em cada país, que algumas leis e constituintes foram determinadas pela preservação da vida originária e contra a violação aos direitos indígenas. Por exemplo, no Brasil, a Lei das Terras instituída em 1850, determinou que territórios indígenas fossem patrimônios da União e não podiam ser privatizados. Nesse sentido, as terras não poderiam estar em mãos empresariais, à mercê da vontade colonizadora política que as levavam a um processo de degradação física e cultural. A partir dessa lei, o ano de 1978 se constituiu num marco político dando início a um processo de lutas reivindicatórias pelos direitos dos povos indígenas no Brasil, onde houve uma grande mobilização da esquerda brasileira composta de sociólogos, antropólogos, escritores, artistas, professores e políticos sensibilizados e essa luta durou até os dias de hoje. Enquanto isso, em outros países ferviam as ditaduras militares e povos indígenas eram massacrados. Outros mecanismos e legislações surgiram com essa pressão na luta pela preservação dos direitos humanos dos povos indígenas.

Foram 20 anos de trabalhos árduos para se chegar à importantíssima Constituição Brasileira que se deu em 1988. O congresso nacional, nessa época, encheu-se de indígenas de todo o território brasileiro. E o item do código civil foi derrubado que dizia que indígenas são "menores de idade" por incapacidade intelectual.

Enquanto isso, no plano internacional tivemos 30 de anos de árduos trabalhos nas Nações Unidas, no Grupo de Trabalho sobre Povos indígenas, nas Nações Unidas. Indígenas e cientistas traçavam a Declaração Universal dos Direitos Indígenas, uma conquista mundial dos direitos humanos dos povos originários. Entre uma e outras legislações, convenções e assembleias, foi deliberada a convenção 169 da OIT, que garantia a identidade indígena aos povos indígenas do mundo inteiro. Segundo o censo de 2010, no Brasil, a população indígena aumentou para hum milhão, onde a Amazônia detém 98% dessa população. As pessoas tinham medo ou vergonha de assumirem-se indígenas e as autodeclarações até hoje não param de crescer.

Outro grande marco que tivemos no plano internacional para toda a população do planeta foi a Conferência Mundial de Meio Ambiente, em 1992, onde foi redigida a Carta da Terra, com calorosa contribuição dos ambientalista, indígenas, sociedade brasileira através das ONGs e instutuições acadêmicas. Nessa época todos os olhos estavam virados para os povos indígenas e suas contribuições sustentáveis. O mundo queria um modo sustentável de viver dada a poluição ao meio ambiente, aos grandes desastres ambientais, a escassez das águas, as mudanças climáticas entre outros temas de importância ambiental.

Em todo esse processo histórico e político, intelectuais indígenas de formação universitária, se organizavam para traçar o pensamento indígena brasileiro através de linhas mestras que remodelassem a educação indígena no Brasil e que eles pudessem através das letras refletir no papel, todas as suas inquietudes.

Foi aí que veio à tona o grande questionamento acerca da Educação indígena, que já vinha sendo questionada por professores sensibilizados. E é nesse bojo que surge na chamada Literatura Indígena uma maneira de expressar nossas histórias, lendas, pensamentos e criações artísticas literárias propriamente ditas.

LITERATURA INDÍGENA E CONHECIMENTO TRADICIONAL

Publicado originalmente no blog
da autora, em 2012.

Povos indígenas sempre estiveram à margem dos padrões culturais brasileiros, pela intolerância e discriminação social e racial da cultura dominante que obviamente estabelece as regras da informação e comunicação.

Num passado próximo, quando Povos Indígenas do Pará se levantaram contra a hidrelétrica de Kararaô ou quando no presente, líderes promovem, mesmo de forma precária, informações em rádios, vídeos, TVs Comunitárias, contrapondo às aldeias globais, ou ainda quando criam cartilhas de alfabetização na língua materna, ou quando criam sites para promover a cura de doenças ou comerciar a venda do Guaraná, por exemplo, o fazem numa tentativa de sair da invisibilidade cultural, objetivando a tonificação daquele povo ou cultura, e no objetivo de expressar-se, seja na luta pelos direitos humanos ou trazer à luz do conhecimento oficial, científico, acadêmico e religioso a sua contribuição na história, enfim o seu conhecimento tradicional, na realidade sua propriedade intelectual. Isso precisa ser respeitado e ampliado!

Quando as parteiras indígenas bloqueiam os programas governamentais de esterilização de mulheres, quando os pajés e curandeiros se reúnem nas montanhas, ou quando líderes interceptam estradas na defesa de suas terras, o fazem para defenderem suas tradições e meio-ambiente respectivamente. Isso é voz!...

Quando indígenas criam grupos de dança, grupos de teatro, coral infantil, promovem imprensa escrita na Internet, promovem a literatura indígena, o fazem no objetivo pleno de difundir informações e comunicações que não conseguem, devido à desvalorização dessa cultura milenar, que por questões históricas, éticas, precisa finalmente ser reconhecida e respeitada na prática e porque não também, ser atendida por uma política compensatória, através de ações afirmativas, implantadas nas políticas públicas.

Todas essas variantes fazem parte da cultura indígena e estão interligadas numa única cosmologia: o território ancestral, o espaço ético, mítico, místico, mágico e sagrado da ancestralidade fortalecidos pelos anciãos e anciãs e perpetuados pelos jovens, através da educação informal e natural, reforçados pela educação formal, daí a importância também da criação de uma Universidade Indígena, para atender a uma educação diferenciada. Essa visão indígena é uma grande contribuição de vida para a sociedade brasileira que precisa ser estimulada para um respeito à diversidade cultural, onde a cultura indígena seja também um expoente.

A sociedade de informação e comunicação é um segmento altamente importante para a difusão da cultura indígena. No entanto, sabemos que as tecnologias avançadas não fazem parte da tradicionalidade indígena.

Mas, vejamos esse exemplo: a International Indian Treaty Council, Conselho Internacional de Tratados Indígenas, há mais de 30 anos atrás foi uma das primeiras organizações indígenas dos Estados Unidos a conseguir abrir um espaço político na Comissão de Direitos Humanos das Nações Unidas, que lutou para constituir a Declaração Universal dos Direitos Indígenas, culminando num Fórum Permanente dentro da ONU. Atrás dela vieram centenas de organizações indígenas, inclusive brasileiras. O Conselho de Tratados foi uma das primeiras a usar o mecanismo da Internet para fazer valer seus direitos. As publicações, as danças, as manifestações foram outras formas de difusão de informação na sociedade de informação que vem garantindo o estabelecimento dos Tratados com o governo. The First Nations, do Canadá, mudaram a Constituinte, obtendo apoio da sociedade difusão de sua cultura na mídia. Um grande projeto referente a pesca foi apoiado pelo governo Canadense depois dessa parceria entre povos indígenas e sociedade de informação. Os Kunas do Panamá, através da expressão cultural divulgada na sociedade de informação, hoje possuem suas comarcas definidas e sua arte literalmente nas ruas.

Como vemos o respeito nasce quando a compreensão floresce. O lindíssimo artesanato em tecido, mesclado de infinitas cores denominado "Mola", é uma marca nacional, é um design que imediatamente é identificado e respeitado pela sociedade e pelo mundo como uma arte indígena e por isso valorizada.

Assim devem ter esse tratamento às nossas ervas medicinais, nossa cerâmica marajoara amazônica de origem indígena, nossos alimentos tradicionais, nosso guaraná, cupuaçu, nossos lugares sagrados, nossas terras, nossos cemitérios, nossas cantigas, histórias e lendas, nossas orações, nossos cânticos sagrados, nossa caça , nossa pesca, nossa educação, saúde e agricultura. Enfim, uma infinidade de elementos, podem ser difundidos na sociedade de informação, fortalecidos pelas Redes de Comunicação Indígena, pelas rádios comunitárias, pela internet através dos sites, pelos canais de televisão, e mesmo pelas Conferências ou seminários indígenas, olho a olho ou virtuais, mas não mais precários como vimos fazendo, mas de uma forma tecnológica, científica, educativa e sistemática, apoiada pelo GOVERNO, através de políticas públicas discutidas nas bases indígenas. O que queremos como desenvolvimento?

É um desafio para povos indígenas brasileiros a sua inserção na sociedade de informação, devido a fragilidade sobre os seus direitos intelectuais, a sua propriedade intelectual? Sim! Mas é um desafio que deve ser ultrapassado através da conscientização, da capacitação, da formação técnica, da criação de bancos de dados indígenas para garantir todo acervo histórico, garantindo suas patentes. A cultura tradicional sofre evoluções com o modernismo e tecnologias. Essas tecnologias devem ser usadas como ferramentas para a defesa dos direitos indígenas. Desenvolvimento para povos indígenas deve ser um processo que coaduna cultura tradicional, novas tecnologias, novas esperanças e isso os Kuna do Panamá o fazem com a maior categoria: unir a tradição indígena aos novos conceitos de tecnologia e sua sociedade de informação, sem perder sua cosmovisão. Por isso, eles são os precursores da imprensa e literatura indígenas, assim como a maioria dos povos indígenas do México também o são.

Povos indígenas devem se espelhar neste modelos de desafio e desenvolvimento e novas tecnologias que não destruam a biodiversidade e territorialidade indígenas.

A Comissão de Educação, Cultura e Desportos pode dar um grande passo político e histórico, reconhecendo, apoiando e investindo na inserção dos povos indígenas na sociedade de informação e comunicação através de programas criados e geridos pelos próprios povos indígenas. Hoje temos no Brasil várias edições do Jogos indígenas que refletem pura cultura oral, visual, escrita como exemplo de dignidade!

As veias abertas que jorram o sangue de nossos ancestrais sacrificados, as barrigas das mães fecundas, entristecidas pela opressão, os cânticos mais transcendentais apagados pela imposição cultural, todos esses segmentos mágicos, mas reais, serão substituídos por crianças, jovens, organizações capacitados para o futuro, a partir de sua inclusão na sociedade de informação e comunicação, ERRADICANDO paulatinamente os contrastes da sociedade e ERRADICANDO a discriminação social e racial aos povos indígenas.

Avanços na luta do movimento indígena brasileiro têm se dado de forma concreta. Apesar de algumas dificuldades, e apesar de alguns pontos isolados, como falta de apoio das políticas públicas, a Educação Indígena – hoje – no Brasil já é uma realidade. É uma Educação diferenciada, onde a cosmologia indígena está ali inserida no seu sentido mais amplo. Dentro deste aspecto, há de se situar a Literatura Indígena como um instrumento de conscientização, força e libertação.

Essa Literatura deve ser incentivada através da Educação Indígena, no dia a dia das escolas, para que os próprios indígenas sejam realmente os interlocutores de suas culturas, tradições e visões de vida. No entanto, outro aspecto de fundamental importância há de se considerar. É a tradicionalidade do discurso oral pelos componentes mais idosos, idosas e pajés da comunidade que não pode, de forma alguma, ser ignorado. Na realidade, esse discurso é a base sólida, é a conceituação, são os princípios primordiais étnicos que fundamentam essa tradição e que fundamentarão a escrita, a partir de valores lingüísticos próprios de cada povo indígena.

Diante do mundo moderno e de alguns aspectos maléficos da neocolonização e globalização, se reforça que é necessário o registro escrito, realizado pelos próprios indígenas como uma medida de precaução e cuidado para que o "contar" e historiografia indígenas, não caiam no domínio público, ou que terceiros ou instituições sejam beneficiados nos aspectos financeiro, histórico e moral pelos direitos autorais.

Povos indígenas do mundo inteiro lutam, através dos fóruns nacionais e internacionais pela conservação da cosmologia, contra predadores naturais ou impostos, no caso de filosofias burguesas, religiosas, filosofias de cunho "pátrio-pseudo-moral", filosofias coloniais ou imperialistas. O empobrecimento social das etnias também é um fator que causa a perda dos valores culturais, espirituais, éticos. Ali as mulheres, as crianças e os velhos e as velhas acabam sendo muito mais sobrecarregados pelo peso da discriminação social e racial, como é o caso da situação de fome e suicídio no Mato-Grosso do Sul/Brasil. O empobrecimento e a destruição das terras indígenas também são fatores de alto risco. Centenas de exemplos se têm dessa situação.

A literatura indígena cumpre o papel de resgate, preservação cultural, fortalecimento das cosmovisões étnicas. O futuro escritor indígena deve ser já incentivado, na aprendizagem da Educação bilíngüe e Educação em geral, desde pequeno. O escritor indígena é o futuro antropólogo, aquele que vê, enxerga e registra. Povos indígenas devem caminhar com seus próprios pés.

Núcleos de pensadores e escritores devem ser também incentivados e capacitados dentro das Organizações indígenas, assim como muitas vezes, falou-se em discutir a questão de gênero, de raça e etnia nas Assembléias. Os problemas identificados devem ser imediatamente direcionados para estudos objetivando estratégias, mecanismos que busquem a solução das dificuldades, dos conflitos e das diferenças.

Quando a rosa desabrocha, as abelhas vêm espontaneamente sugar-lhe o mel. Deixemos que a rosa de nosso coração, de nossa alma e caráter desabroche completamente na sociedade brasileira, a partir de um testemunho de nossa capacidade, auto-gestão, diálogo e ética, para que essa sociedade desconstrua, rapidamente, o discurso e prática atuais que causam a exclusão de povos indígenas. Os resultados e o respeito aparecerão.

Pensadores e escritores indígenas: Contem e criem então!

LITERATURA INDÍGENA, UM BOTO EM BOTÃO

Publicado originalmente no blog
da autora, em 2012.

A literatura dos excluídos ainda é uma pele de Boto que foi destruída ao longo dos séculos e que está esquecida e abandonada no fundo dos rios a precisar renascer_ ardentemente_ com a força da alma da natureza e humana. Mas essa natureza está envolta nas amarras dos séculos de dor, do obscurantismo, dos grandes enigmas e contradições da própria existência, do divino e do amor. A literatura ainda é um segmento cultural e político que não consegue chegar à totalidade das camadas menos privilegiadas social e economicamente do Brasil e do mundo.

Esse Boto Literário em botão, na atualidade, precisa ser salpicado com as lágrimas emocionadas da Natureza, muitas desvairadas lágrimas. Aí sim, essas feridas do mundo – que as mulheres indígenas as eternizaram com seus beijos de cura, bálsamos históricos, histórias não contadas e adormecidas no fundo do rio ou dos oceanos, essas sim – serão eternamente curadas, assim como o Boto literário.

A Natureza clama para ser ouvida; o Boto despelado precisa ser ouvido; o grande estrondo do encontro das águas claras e escuras amazônicas suplica secularmente um minuto de audição. Assim é a mente humana: Um mundo imaginário, místico e mítico deste ser que chamamos escritor, escritora, um ser humano diferenciado cujas emoções transcendem a realidade brutal da vida.

Este Ser humano vestido também de Boto traz sua alma dilacerada, repleta de feridas e almeja a compaixão do próximo na reconstrução das identidades em busca do ser digno, onde os direitos humanos sejam todos repletos de festas, pétalas de rosas, aromas mais adocicados pela flor do amor e da Vitória-Régia: A cura! A epiderme precisa ser epiderme e não couraça, casco e carcaça.

A visibilidade da literatura indígena é como a vida de uma mulher que viveu mais de trinta anos de dedicação a seu amado, querendo ardentemente ter um filho e ele, finalmente, foi ter um filho com outra, negando-lhe não só a maternidade como o próprio amor e a companhia. O útero ressecado e a pele depauperada dessa mulher foram depositar-se no fundo dos rios e mares oceânicos e ora pacíficos. Ela precisa recuperar a pele de boto, de foca, de golfinho e respirar o ar da luminescência e caminhar com a mulher guerreira a sua frente, nas terras, nos mares, nos rios e nos lagos e transformar esses séculos perdidos em dias de vitória e luz. De lá de cima, de onde ela estiver ficará provado no seu âmago que ela poderá observar, sorrateiramente, o mundo e rirá das tempestades: Ei-la nos marcos de novos ares!

A literatura a que me refiro é assim, vem fazendo a caminhada passo a passo com as expressões de artistas do passado e da contemporaneidade, cantando e contando a cultura popular. São os escritos caboclos, indígenas, afrodescendendes, mestiços e todas as expressões que não tiveram VOZ. E a literatura indígena, que do estágio oral saltita pelas letras escritas na estratégia da vivificação das histórias de vida dos ancestrais, clama por sobrevivência e justiça dos direitos autorais. O reconhecimento dos conhecimentos tradicionais, para que seja perpetuado em saberes antigos de curas indígenas, como um patrimônio histórico e cultural, precisa flamejar pelo território nacional a desembocar na mentes e corações dos escritores indígenas como as águas do Rio Amazonas, que flui mais belo: um reconhecimento conquistado! Assim será para os próximos tempos. A Mãe dos Deuses na defesa da floresta e do planeta, promovendo conhecimento e estimulando a leitura no Brasil e no mundo.

O autor e a autora indígenas – aqueles que andam com o guerreiro e a guerreira à sua frente – acabam de florescer a cura desde a ancestralidade oral sedenta pela escrita e por isso ganha de presente parte dessa cura secular, da almejada, da sedenta visibilidade literária indígena, hoje uma conquista em realidade.

As mulheres guerreiras, as chamadas antigas Amazonas, e as contemporâneas guerreiras mulheres de todo Brasil, com seu PODER DE MULHER PELA CRIAÇÃO, seja qualquer criação, podem presentear a todos os seus homens e amados um MUYRAKITÃ (um sapinho) como amuleto verde de proteção à vida eterna da alma humana, aquela que fez algo pelo bem caminhar da Humanidade no ato da CRIAÇÃO! Literatura indígena, um testemunho da Criação literária nas letras dos escritores e escritoras indígenas.

O primeiro choro foi anunciado na região leste do Brasil, justo do lado do sol, na terra dos Tamoios, em 29 de setembro de 1950 – no dia do protetor dos Potiguara – povo catequizado pela igreja há mais de cinco séculos: Era dia de São Miguel. Foi um grito sufocado de quem não queria vir, mas com o esforço dos guerreiros e guerreiras cosmológicos que ajudaram no parto tradicional, eu nasci de minha mãe, uma linda mulher, uma sacerdotisa das águas. Nasci carioca de avós indígenas desaldeados vivendo literalmente nas ruas e depois num agrupamento indígena, no Morro da Providência, atrás da Central do Brasil, depois descendo para a Rua General Pedra nº 263, numa comunidade de imigrantes da 2ª Guerra mundial, misturados com as prostitutas da Região do Mangue.

Eu tinha muita fome e logo me alimentei de meu próprio dedo polegar esquerdo, e ainda me lembro da cicatriz de tanto que o chupava e o mordia. Nasci precisamente um ser humano dessa vez, ou melhor, uma ser humana, coincidentemente ou não, do gênero feminino, pobre, de origem indígena de avós indígenas nordestinos, imigrantes no Rio de Janeiro. Nasci um lindo bebê, apesar de tão magrinho!

Interessante é que minha avó era analfabeta e desenhava o seu nome quando pediam e, muito mal marcava com tinta roxa, os documentos com o dedo polegar. Meus pais mal completaram o curso primário. Tios e tias eram analfabetos. Foi o caos!

Já nasci predestinada a pertencer a uma estatística esmagadora de pobres e excluídos social e economicamente no mundo.

O que seria a pobreza, eu sempre me perguntava? Já que ninguém me respondia, então comecei a dar vida a meus pés, aos meus próprios olhos, à visão, às janelas da alma!

O olhar foi minha grande arma contra o espírito obsessor de tudo aquilo que queria se impor de forma estranha à minha frente. Criei meu próprio muro e do lado de cá, comecei cedo a eleger e me relacionar com o bem, com a paz e a justiça. E elegi esses dons como bandeiras por toda uma existência. E elegi também a palavra como minha arma, aquela que se atira ao vento, que flutua e ecoa nos ouvidos e espíritos humanos.

Foi precisamente o "olhar" minha primeira ação política que definiu e ainda define meu estar no planeta Terra... Meus olhos saltitavam e iam atrás das palavras!

Apesar de ter nascido com várias identidades, a melhor que eu gostava, era a de ser interplanetária, mas quando eu olhava minha avó, uma mulher de traços fortes, olhos rasgados, pele ressecada pelo sol nordestino e oceânico indígenas, suas lágrimas, eu me preocupava. Seus seios e ventres eram proeminentes, eu percebia nitidamente o sofrer daquela mulher. Eu não sabia o que era o sofrer. Eu viajava nas suas lágrimas que às vezes vinha com o alcoolismo escamoteado. Eu me indignava!

As primeiras perguntas da minha vida foram precisamente essas: O que era a pobreza? Porque chorava minha avó?

Quando eu tinha seis anos, minha avó me deu uma pedra de cor verde alface clara, de uns 20 cm, quase que transparente.

À tardinha vovó contava histórias e, eu e minhas pequenas mãos manuseávamos aquela pedra como que algo magnético, mágico, poético e porque não dizer cosmológico. Meu olhar fixava naquela pedra e meus ouvidos nas histórias de minha avó Maria de Lourdes de Souza. Essa pedra era a extensão cosmológica de nossa cultura indígena, o lado que não se podia tocar, era a história, o lado imemorial, o transcendental, o espiritual possivelmente, a essência de nossas vidas. Isso nos pertencia verdadeiramente? Representava a cultura de nossa família? Representava a cultura e extensão cultural de um povo colonizado, catequizado? Seria o que a líder e pajé Potiguara Maria de Fátima Potiguara, assim como os velhos e velhas, chamavam de "mesinha" (cultura de mesinha)? Certamente que sim!

Essa extensão celular de uma cultura generalizada era parte do todo. Minha pequena vida e pequena história faziam parte de um contexto social, político e econômico. Tinha origem, tinha nome, tinha etnia. Então eu existia.

A cultura indígena, na minha família ia além daquilo que podemos ver, ia inclusive, além da representação territorial, e que me perdoe a ciência antropológica. Um povo, mesmo fora dessa representação territorial, é capaz de manter-se vivo e fazer perdurar sua cosmovisão, por mais esfacelada que ela esteja. Manter-se firme e verdadeiro à sua ascendência é fidelidade e dignidade contra o espírito da destruição.

Nos anos de 2000 surge no cenário indígena a jovem Dra.

Lúcia Fernanda Jófej, da etnia Kaigang do Sul do Brasil, uma das primeiras advogadas indígenas no Brasil, extremamente inteligente, grande oradora_ que simbolicamente acalentei em meu colo imaginário com definições teóricas sobre propriedade intelectual dos povos indígenas. Era filha de minha amiga, professora e líder indígena Andila Inácio que muito admirava. Ao ouvir dessa jovem mulher indígena de garra, me lembrei de tudo que havia vivido com minha avó e família indígenas depauperadas pela neocolonização do algodão na Paraíba. Esse era o berço de minha doce avó e madrinha. Realmente uma líder formadora de opiniões. São histórias que o/as jovens não entendem e mal podem aceitar ou reconhecer. São histórias que não foram contadas e nem são permitidas essa contação. São coisas de gente muito velha, e de velhos e velhas que não têm espaço nem voz nesse país, ainda. Eu sou fruto desse processo.

Na Conferência do Enlace Continental de Mujeres Indígenas, no Canadá, no território dos Mohaks, em junho de 2007, as mulheres jovens e anciãs transformavam o IMEMORAL de nossas vidas em teses e declarações, planos de ações políticas para a defesa da cultura indígena em todo o mundo. Indígenas e indigenistas brasileiros ainda precisam perceber essa imemoriabilidade não contada, não expressa no óbvio, nas aldeias e na cultura. Muitas das vezes, história a ser contada pode não ser um requisito necessário. O obscurantismo, o segredo não revelado pode ser o caminho da perpetuação da ética. Há muito mais além do que os olhos podem perceber.

As lágrimas de minha avó e o olhar estagnado no ar formavam o resultado da violação aos direitos humanos das mulheres indígenas, mais precisamente o resultado da descriminação racial e social que burlava a memória ancestral, as histórias, a espiritualidade indígena de uma família.

Enfim, parte perdida, célula solta, desgarrada, discriminada internamente, não reconhecida até pelo seu próprio povo, porque ninguém ficou lá, uma única voz para contar essa história. A existência dessa família caiu no anonimato e no esquecimento, uma cruel realidade. Essa parte pode estar perdida no contexto comunitário, territorial, mas não está perdido no contexto cosmológico e visionário. Assim tem acontecido com muitas famílias indígenas que migram por qualquer tipo de problema.

Eu não poderia deixar de falar desse conceito ao falar de minha vida. E foi exatamente ali, naquela pedra verde alface que o mundo cosmológico se formou em minha mente, através das histórias que a minha avó – uma vendedora de bananas – contava, enquanto retirava lêndeas de meus cabelos negros, longos e lisos. Às vezes eu sentava entre as pernas de minha mãe, e num calor e carinho sobre-humanos, horas e horas as pobres lêndeas eram diladeradas entre as unhas dos dois polegares de mamãe. Eu quase dormia e entre uma soneca e outra eu dava um pulo e um grito de incômodo, para não dizer da dor da puxada de cabelo, quando mamãe arrancava aquele animalzinho intruso e ele se recusava a sair. Os piolhos parecem que adoravam também o carinho das mulheres por isso adorava aquele calorzinho capilar! Quem não gosta de amor, carinho e histórias?

Depois vovó me dava o café da tarde, beiju caseiro, inhame ou fruta-pão quentinho que eu adorava!

Foi nesse cenário que vivi a minha solitária infância, mas cheia de amor.

Por causa do deslocamento total interno da família para o Rio e Janeiro, as mulheres da minha casa não permitiam que eu brincasse com outras crianças e me aprisionaram num quarto durante toda a minha infância, onde eu dormia num baú doado pelos portugueses, imigrantes da 2ª guerra mundial. Eu nunca me lamentei pela perda da infância, a infância normal de todas as crianças. Eu agradeço a proteção e a forma cultural de educação indígena. Foi por essa proteção que acabei nascendo uma anja um pouco torta. Ninguém é perfeito não é? Amigas de minha família diziam que eu era um anjo e eu me perguntava, porque um anjo. Eu era, segundo meu olhar crítico, uma anja, se é que era mesmo. E também ficava imaginando o mundo dos anjos que amigas de minha família não indígena se referiam. Era o anjo Gabriel, anjo Rafael, Anjo Miguel, Anjo Uriel todos eles do sexo masculino. E eu tinha que ser um anjo como diziam: "essa menina é um anjo!" Viajando na pedra verde e na sincronicidade do tempo, hoje eu me pergunto: E a anja Dorothy, por exemplo? Uma indígena que muito contribuiu com os Bakairi. E a anja Maninha Xukuru-Kariri, irmã do espaço sideral, foi-se fisicamente e deixou mensagens para seu povo. E as anjas Mães de todas e todos líderes de nosso país? E a anja especial Mãe de Marçal Tupã-y entre outras.

Anja também foi minha saudosa avó. Anja foi minha severa

e adorável mãe, hoje rainha do espaço. Com elas aprendi a ter dignidade, combatividade, força e coragem. Foi por causa delas que entrei para o movimento indígena desde 1976. Mas foi com sete anos, precisamente que me tornei uma pequena escritora, porque eu precisava escrever as cartas que vovó ditava. E ao lado disso, precisava ler as cartas que chegavam da Paraíba. Por essa razão, me sinto paraibana, uma das milhares de identidades que tenho. Conheço na palma da minha mão, as linhas dos sofrimentos do exílio de minha avó e peço respeito a essa identidade. Faço parte destas histórias no sangue e nos fatos. Conheço a pobreza paraibana, a partir de dentro de minha própria casa. Conheço a burguesia e o poder paraibanos dos anos 20 e 30, mesmo ainda no útero, porque eles foram os causadores de nossos sofrimentos e angústias. São rastros que ficaram e a justiça nunca foi feita. Só ignorada e invisibilizada. Aquele contingente de pessoas imigrantes – minha família – poucos descendentes deixaram. Todos e todas morreram pelos maus tratos da imigração. Eu e meu irmão somos os últimos daquela geração sacrificada pela pobreza. E eu não tenho mais lágrimas, elas secaram como o chão agreste, mas a cotovia canta e ecoa em palavras... E a alma voa! "E não se seca a raiz de quem tem sementes espalhadas para brotar", escrevi isso há mais de vinte anos, no poema "Oração pela Libertação dos Povos Indígenas", um cântico.

A pobreza é a maior violação dos direitos humanos, eu não sabia disso quando era criança. As lágrimas de minha avó, assim como a vida de milhares de mulheres indígenas do mundo, reflete esse tipo de violação. A pobreza é o resultado das maiores competições, guerras e conflitos do planeta Terra. As mulheres e crianças sofrem com a pobreza. A pobreza é um fator determinante de violência a um ser humano.

É preciso erradicar a pobreza no planeta Terra. É preciso dar voz aos calados, aos excluídos. Centenas de tratados, convenções, declarações foram escritos no contexto nacional e internacional, mas a pobreza continua. O que está faltando? Será que não há um mito errôneo com relação às mulheres? Vejamos:

Toda mulher quer ser mulher, porque ser mulher é também contribuir com a ética para o crescimento da Humanidade, principalmente quando ela busca não perpetuar a cultura dominante e secular que impõe padrões preconceituosos na criação dos filhos e filhas. Toda mulher quer ser mulher por perceber a luta pela igualdade de gênero e quando ela trabalha para isso na nova sociedade, no cotidiano de sua vida, nas relações com o esposo, filhos, filhas, irmãos, irmãs, parentes e amigos. Nos dez pontos que escrevi no Dia Internacional da Mulher, em março de 2006, no texto "Quer ser Mulher? Perguntou Deus!" tive o objetivo de polemizar e chamar a atenção da sociedade para diversas culturas e regimes sócio-político e econômicos que impõem uma vida indigna às mulheres. Temos muitos avanços na classe média ou nos grupos mais esclarecidos, quando mulheres já possuem diversas posições no contexto social e quando seu status no lar atinge patamares respeitáveis, salvo exceções como, por exemplo, em relação aos assassinatos de mulheres jornalistas, artistas e outras profissionais e com ascensão econômica. No entanto, as mulheres pobres e as altamente miseráveis de todas as etnias sofrem ainda em consequência da violência masculina e discriminação da própria sociedade. E esse fato é um desafio para grupos de mulheres organizadas por seus direitos e um desafio para os governantes no setor da Educação, Trabalho e Saúde, tanto no Brasil quanto nos outros países.

Eu convoco homens e mulheres – cidadãos, cidadãs do mundo – a refletirem sobre a ideia errônea de que as mulheres são exemplos de estereótipos de santas, anjos ou demônios.

A mulher é sagrada, sim! Porque ela dá a vida, assim como a natureza é sagrada por prover vida. Mas a mitificação da mulher pelo homem causa estragos, desvios comportamentais, pornografias, culturas dominantes, atos selvagens contra o sexo feminino, como vemos nos outros países e inclusive no Brasil.

Vamos adorar nossas mães apenas no sentido poético, amoroso, porque a exacerbada veneração leva à mitificação maléfica, que na realidade é um desrespeito à mulher. Mães querem ser amadas e respeitadas. Amo a minha mãe pelo que sou, devo a ela respeito e ela está na minha memória, porque foi uma grande iletrada mulher, mas possuía conceitos e lições de uma verdadeira mulher.

Voltando à questão do sentimento de infância e ao olhar com relação à pobreza, hoje passados já sete décadas da minha vida, ainda temos mais de 300 milhões de indígenas no planeta Terra, vivendo em 70 países que sofrem da pobreza, mas mantêm-se culturalmente falando mais de seis mil línguas diferentes. Os povos mantêm uma bagagem cultural imemorial e que não se pode se medir em valores. Só na América Latina temos 50 milhões de indígenas que convivem diariamente com a pobreza, o analfabetismo e desinformação, sendo as mulheres indígenas mais vulneráveis. São as mulheres as despossuídas de ferramentas e meios para manter a enorme tarefa de transmitir a cultura às novas gerações, mantendo a identidade e demonstrando à humanidade o papel altamente importante da manutenção da identidade indígena.

Mais de um milhão de indígenas vivem também nas cidades, mas ninguém perdeu sua ancestralidade indígena e a consciência indígena tem crescido para o bem da identidade. Queria que minha avó estivesse viva para ver esse fenômeno histórico. Certamente suas lágrimas secariam de tanto sorriso na face. É possível uma mudança a partir da escola.

COSMO-VISÕES

A MULHER INDÍGENA E O ATO DA CRIAÇÃO

Publicado originalmente no blog da autora, em 2010.

Depois da angústia e do desespero, o ato da criação: a cura!

O ato de criação é um ato de amor. Amor a si mesmo, amor ao próximo, amor à natureza. Seja criar um texto, uma música, uma pintura, uma criança ou qualquer outra arte. Mas para chegar-se até aí, muitos caminhos foram bloqueados, muitas águas envenenadas tivemos que tomar; muitos fantasmas tivemos que enfrentar. Permanecemos como um rio que morre, que não corre e não ecoa ao encontrar-se com as pedras. Nos tornamos uma fome desesperada pelo novo, se enfraquecendo a nossa fecundidade. Enfim um caminho árido e infértil. Tivemos enclausurados dentro de nós mesmos. Mas não aguentamos mais e damos um basta! É hora de criar pacientemente o novo! Assim aconteceu com o povo indígena Guarani do Brasil, quando no período da colonização pelos espanhóis no século XVI e XVII, não quis mais procriar, nem mais cantar e nem mais criar. Queriam jogar-se do alto do penhasco a si e toda sua família, numa demonstração de resistência contra a escravidão, colonização e racismo.

Pacientemente soltamos as amarras que sufocam a nossa alma, o nosso "ânima", a nossa essência para que os pássaros possam cantar de novo dentro de nosso espírito. Parece tudo muito simples. Mas não é. Reencontrar-nos com nosso ser selvagem, com nossa intuição, com nosso ser sutil, com nossos ancestrais indígenas com nossa força interior é um desafio diário, principalmente quando a força externa impõe condicionantes sociais, psicológicos, político-econômicos maléficos, como por exemplo, a destruição de nossa cultura, nossas espiritualidades indígenas, destruição essa que lança as sementes da enfermidade da alma e que lá na frente se transformam em enfermidades da mente e do corpo. Nosso corpo pode estar doente, porque nossa alma o está, pois o impacto social, político, cultural à nossa bio-diversidade em todos os níveis, à nossa propriedade intelectual é enorme. E temos que buscar a cura do espírito, a cura do anima. Somente nós mesmos podemos fazer isso, assim como somente nós mesmos, podemos sentir o ato do nascimento, quando nas-cemos, e o ato da morte, quando morremos. São atos só nossos. Ninguém pode senti-los. Somos solitários neste momento. Por isso quando morre um parente indígena, seus pertences são todos depositados em sua tumba. Sozinho ele precisa partir. Assim, cada um de nós temos que lutar pela sobrevivência e auto-determinação política e social. E o fortalecimento de cada indivíduo, forma o feixe coletivo, para a mudança social.

Criação, cultura da paz e da ética indígenas

Nos tempos atuais, é hora do desafio. Extirpar o monstro que nos mata no dia-a-dia é dura tarefa. Primeiro se sofre calado. Há os que se acostumam com a dor, a opressão e a repressão social e política, desembocando no desequilíbrio ou na loucura como nos descreve o escritor argelino Franz Fanon em "Os Condenados da Terra", quando situou a ditadura na Argélia. Mas há os que clamam, depois de invernos. Há os que berram! Neste momento, abre-se uma porta. A mudança dentro de nós só se dá, quando identificamos o inimigo interno (às vezes o inimigo somos nós mesmos) e o rejeitamos, seja da maneira que for. Em nosso caso a CRUZ e a ESPADA colonial no passado, e imperial, hoje. Então podemos parecer loucos, mas no ato de "vomitar" é que está a transformação do espírito para o novo homem, para a nova mulher! Sofremos e não estamos aqui para sofrer. Tupã oferece grandes dádivas de vida para seus filhos, senão não existiriam tantas belezas, tantos mares, planícies, céus, montanhas, pássaros, seres humanos, *ad infinitum*... E quando o homem selvagem e a mulher selvagem gritam dentro de nós querendo voltar para a casa primitiva é chegada a hora da mudança. Atente para significado de selvagem e primitiva que nada tem a haver com historiografia, mas sim com interior humano, âmago, essência espiritual, ser sutil, a casa da alma, ancestralidade e espiritualidade indígenas. Quando perdemos os tesouros do Divino, do mágico indígena e ficamos desnudos, damos um basta, é chegada a hora da criação. Ficamos quietos, sentimos solidão, solidão que parece que mata, que maltrata, mas necessária. E entramos em outras esferas superiores e sagradas. Esse selvagem sagrado que foi resgatado e que já estava dentro de nós e não sabíamos, está também nos "recriando" e nos enchendo de amor e nos fortalecendo. Nasce a criatividade. E renascemos. E florescemos para o futuro. O processo de criação emana de algo que surge e que vai crescendo em nosso âmago, é como um novo amor em nossos corações. Vai crescendo e não temos rédeas para segurá-lo. É um vulcão. É a (r)evolução do espírito. É o êxtase. É o insight para o novo ser humano"(a)". Por isso, o número de indígenas no Brasil está crescendo, segundo as estatísticas, 700 mil hoje, e ressurgem povos inteiros resguardados dentro de seu medo, pipocando com sua consciência, após terrível processo de exterminação e crime organizado à sua identidade e cultura. São os quilombolas, de afro-descendência, são os povos ressurgidos, massacrados e calados ao longo dos séculos, são os indígenas amazônicos, nordestinos que migraram das suas terras indígenas por ação do colonizador e que foram empurrados para o racismo e violência das pequenas e grandes cidades brasileiras. Nossos povos sobreviveram ao peso da colonização, do racismo, da intolerância civil e religiosa!!!!!

E esse único ato de ressurgimento que é um ato de criação é o suficiente para alimentar um oceano, assim como o leite doce e materno de uma jovem mãe é o suficiente para trazer de volta um ser nascido prematuramente. No ato da criação se dá a purificação do espírito, do "ânima", da alma e consequentemente a purificação do corpo e a extirpação de velhos tumores, velhos fantasmas... impostos pela cultura racista e o poder. Toda a opressão política ao nosso povo indígena nos conscientiza para um novo momento e para uma resposta ao exercício de nossos Direitos Humanos e Indígenas.

O processo anterior à criação – o sofrimento, o coração endurecido, por sermos testemunhas de nossa própria opressão, o "ânima" esfacelado – é agora neutralizado e transformado em pó, diante da grandiosidade da BUSCA pela transformação e purificação do espírito, incentivado pela luta pelo resgate cultural e espiritual. Tudo isso é simplesmente política, a política da existência. CRIEMOS, então... sob qualquer enfoque, porque a criação é um ato divino que tende a mudar consciências, formar opiniões, suavizar o individualismo que ronda às mentes. E nesse processo vamos construindo a cultura da paz e da ética de nosso povo, primeiras nações do planeta terra, ameaçados há séculos pelo poder bélico, pelos grupos de poder e interesses nacionais e internacionais.

E a mulher indígena que passou por toda a sorte de massacres, estupros coloniais e neo-coloniais, ao longo da história do Brasil, condicionadas ao medo e ao racismo, sobrevivem porque são criativas, xamãs, visionárias, curandeiras, guerreiras e guardiãs do planeta. Seu inconsciente coletivo ancestral refloresce a cada ato de criação delas, porque elas são capazes de beijar as cicatrizes do mundo, num ato de caridade, não humilde, mas guerreira e criativa!!!

E a palavra da mulher indígena é sagrada como a terra que dá o alimento ao próximo, alimento da CURA em todos os sentidos.

IDENTIDADE E VOZ INDÍGENA

Publicado originalmente na revista Filosofia Capital, 2007

Relação de gênero na espiritualidade indígena e o combate à violência: A força do conhecimento ancestral

Por que aguentamos tanta violência? Nós, mulheres dos segmentos dos povos indígenas e afrodescendentes ainda aguentaram tanta violência porque não reforçamos a nossa mulher interna, a mulher selvagem que existe dentro de nós, a mulher primitiva, no sentido "primeiro". Uma mulher deve andar com a força a sua frente, a profunda natureza intuitiva dessa mulher deve prevalecer na dualidade obrigatória de toda a mente feminina. E quem dá essa força? Receber a herança ancestral de nossa família ou de uma cultura é uma missão a cumprir, isso é praticamente obrigatório dentro da *anima*. Mas levar adiante essa herança é "sabedoria". Quais as rasteiras que devemos dar no neocolonizador, no opressor político- cultural para despertarmos a força interior e transformá-la em sabedoria e arma para o crescimento da humanidade e melhor qualidade de vida? Como purificar a *persona* que existe em nós, com tantos vícios impostos pelo sistema político e econômico que nos racializa, nos oprime, nos mata e torna nossa auto-estima deplorável e faz com que aceitemos pacíficas, durante séculos, a violência, seja física, psicológica, sexual, mental e até espiritual! Franz Fanon mostra em seu livro; "Condenados da Terra" os resultados psicológicos maléficos da opressão política e racial ao povo argelino e há mais de 20 anos temos lido esse texto, tão atual ainda nos dias de hoje!

A chama do conhecimento ancestral seja indígena ou oriunda de outras raízes deve ser despertada imediatamente na *anima* de todas as mulheres e dos homens também, para que possa despertar o feminino dentro deles e a parceria homem/mulher seja comungada dentro dos princípios dos direitos humanos mais transcendentais. Quando despertamos essa força, começamos a reconhecer a sombra negativa da nossa psique. Os aspectos negativos de nosso comportamento, o nosso inimigo interno. E neste processo começamos a reagir contra a opressão, o racismo e a destruição causados a nossa *persona*, que vai se somando a milhares e milhares de mentes do planeta Terra nestas partes do mundo que se permitem chamar "Terceiro Mundo", obscuro, oprimido social, racial, econômica e politicamente.

Os aspectos da cultura de alguns povos, como o sacrifício ou a mutilação de partes do sexo feminino numa cultura oriental é uma distorção cultural causada pela ação dos imperialistas. E, em outro contexto, a identidade masculina para defender suas mulheres indígenas, por exemplo, fazendo com que as mulheres tivessem dor no ato sexual, vinculando assim o prazer à dor. Assim, as mulheres indígenas não aceitariam a submissão ou ofertas de qualquer homem branco que chegasse. Ao longo da história, o homem teve que mudar seu comportamento para com a mulher indígena, numa tentativa desesperada e inconsciente que pudesse preservar a família. No período da colonização portuguesa e espanhola, no Brasil, os homens indígenas levavam toda sua família a se jogar do alto dos penhascos, constituindo o suicídio coletivo contra a escravidão e a destruição cultural. Nos tempos modernos, o suicídio, a submissão, o alcoolismo, a desesperança, têm sido sintomas desta opressão.

O empobrecimento econômico de nossas vidas, o racismo, a intolerância, o desequilíbrio da nossa biodiversidade causam timidez, conformismo, baixa auto-estima, sentimento de culpa, infelicidade, angústia interior, insatisfação constante e concessão ao dominador, sim, concessão ao dominador. Esse processo desestabiliza o contexto cultural, espiritual, enfim, a cosmovisão de cada um de nós, negros e indígenas ou segmentos oprimidos.

Por que aguentamos tanta violência subliminar? A intuição é a mensageira da alma, a intuição é a força do conhecimento tradicional, ancestral. A tocha da ancestralidade, inclusive *genética*, deve ser trabalhada dentro de cada um de nós, pois ela é riquíssima em conhecimentos, sejamos indígenas, negros, amarelos ou brancos. O nosso cérebro, fisicamente, guarda espaços e tradições jamais alcançados, é preciso lembrar/despertar da escuridão mental e espiritual e deixar fluir o inconsciente coletivo para que ele flutue nos mares da consciência, essa que dá a tônica da vida. É preciso uma força extraordinária para resgatar os conceitos e princípios da ancestralidade que cada um tem dentro de si. É ética. É princípio. É busca inclusive da paz que vai se somar à construção da corrente do amor e da ética. Mas, só a conscientização de quem somos nós, como povos indígenas; ou oriundo de outras raízes, é que vamos perceber, desvelando a riqueza, a preciosidade que existe adormecida na vastidão das mentes, dos corações e dos espíritos. O homem – o homem masculino - que também tenha buscado esse homem selvagem, esse homem "primeiro", ancestral dentro de si. É o verdadeiro homem que vai conquistar o coração de uma mulher, pois ele vai compreender e reconhecer profundamente a dualidade feminina, a guerreira e a mãe doce e pacífica que existe dentro de todas as mulheres. E a guerreira, a ancestral, a mãe selvagem, a filha, todas reunidas numa só, não vai mais permitir a sombra negativa que ronda o planeta Terra: a submissão, porta aberta para a violência, porque ela, a mulher, purificando sua *persona*, vai multiplicar muitas outras *personas*, começando pelo seu próprio filho homem, futuro cidadão, e futura cidadania mundial, para construção da cultura da verdadeira paz e da igualdade social. E a relação de gênero neste estágio será bem melhor do que a do tempo contemporâneo, que nos faz sucumbir à dor, que nos leva ao desamor a nós mesmos e ao próximo. Nesse processo de reconstrução do ser humano, vamos lapidando o grande diamante que é a consciência humana.

Homens e mulheres fortalecidos, que reconheceram mutuamente o processo de reconstrução da mente e espírito, podem apoiar a criatura interna, o *verdadeiro anima*, o profundo anseio da alma fortalecida pela ancestralidade que existe dentro de todos nós. A verdadeira ancestralidade do ser "primeiro" – a força interior – esses, sim, estarão construindo a grande força mental e espiritual, a grande "frente" para a conquista dos Direitos Humanos neste planeta. E homens e mulheres estarão fortes para nunca mais permitirem a opressão, a baixa auto-estima, o conformismo, o racismo, a desvalorização de si mesmo e da verdadeira *persona*. E estaremos fortes e conscientes para lutar e exigir os nossos direitos civis. Por isso, é importante ouvir os sábios e sábias indígenas, e afrodescendentes e culturas afins.

Mas o sistema político e social arrasta os velhos e as velhas para o corredor da morte lenta, desvalorizando-os, esquecendo-os. Os caminhos e as respostas para um novo mundo estão na aquisição e reconhecimento dos conhecimentos tradicionais das "primeiras nações" deste grande e luminoso asteróide azul contra o inimigo interno e externo.

É necessário fazermos uma reavaliação das histórias de vida de nossos velhos profetas, homens e mulheres, sejam eles de qualquer etnia, nação, religião, corrente espiritual dando uma "nova interpretação" às suas palavras. Não interpretações segundo crenças viciadas, costumes velhos, velhos modelos, velhos preconceitos, mas novos recomeços e profundas percepções das filosofias deles, para chegarmos aos verdadeiros caminhos para a construção dessa paz e ética.

Mas dentro da cultura indígena, como ocorre o processo de fortalecimento interior e a preservação da identidade cultural para a construção da paz e das relações humanas?

Pajelança: A maior expressão nata de defesa dos direitos e da propriedade intelectual indígenas

Ser líder espiritual, em qualquer lugar, em quaisquer culturas e tradições significa estar conectado primeiro com o eu interior, a mulher/o homem selvagem dentro de si mesmo, como já dissemos, enfim sua intuição e todos os desdobramentos dela fazem-nos remeter às nossas culturas e espiritualidades tradicionais, dentro da nossa casa espiritual e mental. Realmente é poder fazer com que seu cérebro e seu espírito relembrem os ensinamentos da ancestralidade, como no caso indígena, por exemplo, em que a herança espiritual é passada de pai/mãe para filho/filha. Nenhum pajé indígena faz curso pra ser pajé. O pajé – "ele é" – e ponto final e ninguém tira. O ser xamã não tem designação espacial. Ele pode ser do mar, da terra, da cidade, do campo, das montanhas. É evidente que os lugares mais tranqüilos, como a mata, por exemplo, são favoráveis à meditação e à expansão da alma. Quem é líder espiritual o é em qualquer circunstância. No caso indígena, pode haver vários filhos numa família, mas um ou dois somente terem mais qualificação para a espiritualidade.

No entanto, todos os filhos terão a mesma educação, mas "aquele" se destacará por sua natureza iluminada, um grande reverente da cultura da paz e da ética. É intrínseco nele, já traz as lembranças adormecidas mais favoráveis ao despertar interior. Os outros irmãos precisam do exercício para recordar a herança espiritual. As práticas espirituais, as pajelanças de seus avós, pais ou tios na sua educação diária desde a tenra infância, vão funcionando como um elemento motivador, iluminador de sua trajetória espiritual. E seu fortalecimento só será complementado quando ele "expandir" a sua energia vital e espiritual - a sua consciência e inconsciência - direcionadas para sua comunidade, exercendo a cura em todos os sentidos. E os seus irmãos ou comunidade, aí sim, podem fortalecer a sua espiritualidade.

O eixo celular do significado espiritual dentro da casa física do pajé é o "dar-se" ao próximo. Sem o "dar-se" não há energia e tão pouco a cura, nem o Poder de realizar as cerimônias e o Poder do "pressentir". E o pressentir é remetido para o doar-se. Como vê, é um ciclo... como é um ciclo a morte e a vida.... A vida e a morte... A morte e a vida... E o caminho espiritual do pajé é solitário, assim como o ato de nascer ou de morrer, ou o ato da criação da arte. É um ato só nosso. O pajé, mesmo sem conhecimento científico urbano do que sejam direitos humanos, é um dos maiores defensores natos, na teoria e na prática, desses direitos, além de ser um curador. Ele é o verdadeiro conhecedor dos conhecimentos tradicionais e de sua biodiversidade: "Patrimônio cultural de povo, propriedade intelectual de seu povo".

**Imposições Culturais aos Povos Indígenas
e suas Conseqüências Migração e racismo**

O processo de colonização e neocolonização dos povos Indígenas do Brasil levaram- os ao trabalho semi-escravo, num regime de exploração causado pela intromissão de milhares de segmentos, tais como madeireiros, garimpeiros, latifundiários, mineradoras, caminhoneiros, empresários das hidroelétricas, rodovias, pistas de pouso etc.

Tal intromissão, conivente com políticas locais, com a falta de vontade política e com a omissão governamental, causou nas últimas décadas o desmatamento, o assoreamento dos rios, a poluição ambiental e a diminuição da biodiversidade local, entre outros estragos. As invasões trouxeram as enfermidades, a fome, o empobrecimento compulsório da população indígena. E, mais, as dificuldades locais levaram muitas pessoas à migração, a submeterem-se ao trabalho semi-escravo, às péssimas condições de moradias – favelas, casas de palafitas na periferia dos centros urbanos.

As invasões trouxeram também distúrbios mentais, como a loucura, o alcoolismo, o suicídio, a violência interpessoal, tudo isso afetando consideravelmente a auto-estima dos seres humanos indígenas. Podemos perceber claramente que todos esses sintomas são causados pelo racismo subliminar do poderio do Estado e reações discriminatórias subliminares, "sem a menor intenção…", da sociedade brasileira, oriunda da miscigenação entre brancos e negros, entre índios e brancos ou entre negros e índios. O desejo de ascensão da população miscigenada e/ou branca é construído com base no racismo implícito e no processo de escravidão, semi-escravidão, exploração da mão-de-obra barata dos segmentos da sociedade mais oprimidos, como os miseráveis pobres e negros e a população indígena.

A colonização e a neocolonização, no entanto, são refletidas também por grupos de interesses religiosos que ao longo da História do Brasil vêm confundindo a cosmologia indígena com ideologias e fundamentos alheios à realidade tradicional. Impor culturas dominantes é uma forma de racismo. O paternalismo oficioso e governamental, o paternalismo eclesiástico também, todos são forma de racismo, por melhores que sejam as intenções, mas como diz um grande filósofo "de boas intenções está pavimentado o caminho do inferno".

A demarcação das terras indígenas nunca foi uma prioridade governamental. Nunca se criou uma política que garantisse e respeitasse os povos indígenas como unidades sócio- político-culturais distintas. Nunca se cogitou de uma política voltada para os interesses e projetos, propostos *pelos povos indígenas*, de auto-sustentação econômica, baseados em sua biodiversidade com segurança para a saúde, educação, agricultura, trabalho, desenvolvimento e direitos humanos e reprodutivos.

Por todas essas razões, há muitas décadas, muitas lideranças têm sido sacrificadas por lutar por seus direitos. Os casos mais atuais referem-se ao assassinato de Marçal Tupã-Y, ao caso dos 14 índios Tikunas na década de 1980, ao caso do assassinato dos 16 índios Yanomamis em 1993 e ao caso do índio Galdino, do Povo Pataxó queimado em Brasília um exemplo clássico de racismo urbano e violento, em 1997. Todos esses casos continuam impunes, com exceção do último. Ainda existem outros casos anônimos e casos abafados no presente e no passado de indígenas que lutam pelos seus direitos, por temerem represálias ou por estarem abalados moral e psicologicamente.

O Governo brasileiro tem protegido os interesses das mineradoras em territórios indígenas e protegido sempre os empresários e políticos locais.

Uma mulher indígena Potiguara me contou um dia: "Eu estava em casa sozinha, cozinhando, entrou um homem-peixe em minha casa e me tomou o espírito e foi-se embora. Nunca mais o vi, mas sempre ia à beira-mar esperar por ele". Os dias se passaram os meses, os anos... A mulher estava louca e velha. Havia passado toda uma vida e a velha esperava seu homem-peixe, desde que acontecera aquele incidente. A menina-moça estava em casa sozinha, entrou um colonizador local inescrupuloso nos anos 40, e a violentou sexualmente e fugiu... O desastre à mente daquela criança foi tamanho que o universo cultural foi completamente confundido, tornando-a uma criança – mulher – velha maltrapilha e louca!!!

Quantas histórias dessas teremos? Já pesquisamos as histórias das mulheres indígenas que migram para Manaus, Belém, Recife, Salvador, Porto Alegre, Rio de Janeiro? Minha própria família, violentada nos seus direitos humanos, migrou para o Rio de Janeiro e nas ruas permaneceu até conseguir moradia no baixo-meretrício próximo à estação ferroviária da Central do Brasil! Era o início do inferno que iria destruir e matar todas as mulheres dessa família. Mas se pode florir no meio do lixo quando se pode escrever um texto como esse!!!!!

Outro caso a que podemos nos referir trata de um chefe da nação Macuxi (Jornal do Brasil/ 10/07/80) que nos conta sobre a situação das mulheres: "Quando o branco chegou nas nossas terras, o índio pensava que branco era do lado de Deus, índio pensava que Deus tinha vindo visitar. De fato, branco tem tudo e índio não tem nada: branco tem arame farpado, nós não temos: branco tem livro, nós não temos: branco tem machado de ferro, nós não temos: branco tem carro, nós não temos: branco tem avião, nós não temos (...) Mas branco veio e roubou as nossas terras; e o índio não podia mais caçar. Falou que as terras boas eram dele, falou que os peixes dos rios e dos lagos eram dele. Depois trouxe doenças. E depois se aproveitou de nossas mulheres. E o índio se revoltou. Então o branco matou os nossos avós, matou, massacrou muito, e o índio fugia tão rápido como a coisa mais rápida. Então o índio entendeu que o Deus do branco era ruim."

Mulher indígena – Mãe, mulher, professora ou militante

Amilcar Cabral, na luta revolucionária na Guiné Bissau/ África, há umas três décadas, enfocava que "a cultura deve ser utilizada como instrumento de libertação nacional". Complementando o raciocínio, podemos dizer que a libertação do povo indígena passa radicalmente pela cultura, pela espiritualidade e pela cosmologia das mulheres.

O papel da mulher na luta pela identidade é natural, espontâneo e indispensável. A mulher tem a função política de gerar o filho e educá-lo conforme as tradições, assim como na sociedade envolvente. Se criarmos um adolescente num ambiente de tráfico de drogas ele poderá vir a ser um marginal procurado pela polícia. Com relação à cultura indígena, a mulher é uma fonte de energias, é intuição, é selvagem não no sentido primitivo da palavra, mas selvagem como desprovida de vícios impostos pela sociedade, uma mulher sutil, uma *mulher primeira*, um espírito em harmonia, uma mulher intuitiva em evolução para sua sociedade e o bem-estar do planeta Terra.

Essa mulher não está condicionada psicológica e historicamente a transmitir o espírito de competição e dominação segundo os moldes da sociedade contemporânea. O poder dela é outro. Seu poder é o conhecimento passado através dos séculos, e que está reprimido pela história. A mulher intuitivamente protege os seios e o ventre contra seu dominador, e busca forças nos antepassados e nos espíritos da natureza para a sobrevivência da família. Assim é a Educação Indígena. Todos esses aspectos foram mais preservados na mulher do que no homem.

E o movimento indígena brasileiro, que vem crescendo nos últimos 20 anos, hoje se constituiu em centenas de organizações locais ou nacionais que lutam pela interlocução com os governos, organizações que participam de fóruns nacionais e internacionais e constróem a importante *Declaração Universal dos Direitos Indígenas nas Nações Unidas.* Além de ter conquistado um primeiro espaço dentro do Sistema da ONU, o *Fórum Permanente para Povos Indígenas,* onde nós tivemos uma importante participação.

Em resumo, o governo deve reconhecer, *na prática,* o fator pluricultural e diferenciado dos Povos Indígenas, incluindo os direitos relativos a gênero, direitos sexuais e reprodutivos das mulheres indígenas.

As terras indígenas devem ser definitivamente demarcadas como garantia à integridade física, social, cultural, econômica e psicológica dos povos indígenas e, em particular, das mulheres, das velhas, viúvas e mães solteiras. Os invasores devem ser definitivamente retirados para garantir a sobrevivência e segurança das mulheres, das crianças e das velhas (os).

Os programas de desenvolvimento da mulher em instância nacional devem ser estendidos às mulheres indígenas, desde que a comunidade seja consultada e dentro do que espera e necessita esse povo. Urge um novo Estatuto do Índio formalizado pelos próprios povos indígenas.

Deve-se, também, especificar *detalhadamente* medidas emergenciais, ações afirmativas, que defendam em rápido prazo os direitos das mães solteiras, viúvas, mães anciãs contra a violência doméstica e social e que se criem políticas públicas para tal e que os direitos dos povos indígenas sejam garantidos realmente. Na prática.